Jenniches
Foder för Laachduve

Jean Jenniches (1894–1979)

Jean Jenniches

Foder för Laachduve

Kölsche Verzällcher un Gedeechte

Herausgegeben
vom Heimatverein Alt-Köln e.V.

GREVEN VERLAG KÖLN

Herausgegeben vom Heimatverein Alt-Köln e.V.
im Rahmen der Beiträge zur kölnischen Geschichte,
Sprache und Eigenart, Band 65

www.Greven-Verlag.de
Umschlagfoto: Steffy Schüller, Köln
Frontispiz: Undatiertes Foto; Fundstelle: „Alt-Köln“,
Mitteilungen des Heimatvereins Alt-Köln e.V. Heft 16, Seite 6,
November 1974, aus einem Beitrag von Heribert Klar anlässlich
der Vollendung des 80. Lebensjahres des Autors.
Lektorat: Nicole Descalço Conde
Satz: Michael Lauble, Düsseldorf
Druck und Bindung: fgb · freiburger graphische betriebe

ISBN 978-3-7743-0435-2

E Woot vörop

Jean Jenniches wurde am 6. Februar 1894 in Köln-Nippes geboren. Diesem Stadtteil blieb er sein Leben lang treu. Hier ging er zur Schule, hier erlernte er seinen Beruf als Installateur, und hier machte er sich nach der Meisterprüfung am Wilhelmplatz auch selbstständig.

Am 26. April 1922 heiratete er e kölsch Mädche, Franziska, geborene Steingaß (en Tant vum Toni Steingaß). Die Ehe blieb kinderlos. Die beiden konnten 1972 ihre Goldene Hochzeit feiern. Nur zwei Jahre danach, 1974, ist „sing Fränzje“ verstorben, und am 25. März 1979 folgte ihr Jean Jenniches in die Ewigkeit.

Seit den 1930er Jahren schrieb er kölsche Texte, Rümcher un Verzällcher, Büttenreden und Einakter, Hörspiele und Puppenspiele. Bereits 1939 wurde er durch sein Hänneschenstück „Gräfin Wooschtemann“ bekannt. In knapp 50 Jahren seiner Tätigkeit blieb Jean Jenniches sich und seinem Stil als Mundartautor treu: seinen Lesern und Zuhörern mit seinen Texten Freude zu machen und sie zum Lachen zu bringen, indem er seine Umgebung gut beobachtete und mit viel Liebe zum Detail seine Eindrücke zu Papier brachte. Nicht selten wurden regelrechte Büttenreden daraus.

Der Heimatverein Alt-Köln e.V. hat im Jahr 1964 im Rahmen seiner Beiträge zur kölnischen

Geschichte, Sprache und Eigenart ein Büchlein (Band 41) mit Texten von Jean Jenniches herausgegeben. Das Buch hatte den Titel „Der Familjeusflog". Es ist seit langem vergriffen.

Wir sind der Meinung, dass seine Erzählungen und Gedichte so frisch und lebendig sind, dass sie auch heute noch eine breite kölsche Leserschaft interessieren. Vielen ist „Der Niklos bei der Familje Quanz" unvergessen. Mit seiner Erzählung „Et golde Dömche" hat er 1972 bei einem Wettbewerb des Heimatvereins Alt-Köln einen Preis bekommen.

Viele Jahrzehnte war Jean Jenniches dem Eifelverein (Ortsgruppe Köln) eng verbunden. Wir können uns gut vorstellen, dass er in dessen Vereinsleben viele Anregungen für seine Verzällcher gefunden hat, sicherlich auch für seinen köstlichen Bericht über „Der Familjeusflog".

Bei Durchsicht seines Nachlasses wurden noch weitere Rümcher un Verzällcher entdeckt. Der Vorstand des Heimatvereins hat deshalb beschlossen, diese „Entdeckungen" mit der vergriffenen Veröffentlichung aus dem Jahr 1964 zu einer erweiterten Ausgabe der Werke von Jean Jenniches zu vereinen. Dabei mussten wir uns bei den vorgefundenen Büttenreden, den Zwiegesprächen und den Einaktern mit einer kleinen Auswahl begnügen und schließlich gänzlich auf den Abdruck der Hörspiele und Puppenspiele verzichten, weil dies den Rahmen und die Möglichkeiten dieses Buches bei Weitem gesprengt hätte.

An dieser Stelle danken wir Frau Adele Klar, der Witwe von Heribert Klar, die uns einen Teil des Nachlasses von Jean Jenniches zur Verfügung stellte.

Jean Jenniches hat nach unseren Recherchen seine Rechtschreibung im Laufe der Jahre verändert.

Zuletzt hatte er die Schreibweise von Adam Wrede („j“ statt „g“) übernommen. Wir maßen uns nicht an, die Neuausgabe in der Rechtschreibung zu vereinheitlichen, und haben nur in wenigen Fällen zur besseren Verständlichkeit Angleichungen vorgenommen. Bereits bei der Drucklegung seines Buches 1964 hatte Jean Jenniches sich den Buchtitel „Foder för Laachduve“ gewünscht. Dem Wunsch wurde damals nicht entsprochen. Warum, lässt sich nach all den Jahren nicht mehr ermitteln. Wir kommen hier und heute seinem Wunsche posthum nach.

Wir wünschen der geneigten Leserin und dem interessierten Leser viel Freude an den köstlichen Rümcher, Verzällcher un Stöckelcher eines bodenständigen kölschen Autors. Helfen Sie mit, ihn vor dem Vergessen zu bewahren.

Heimatverein Alt-Köln e.V.
Der Vorstand   Köln, im Juli 2009

Verzällcher

Der Neppeser Volksjade

No weed mänch einer froge. „Wo hammer dä dann?" Dodrop kann mer nor antwode: „Hä eß nit mih." Denn kaum en Spor eß mih üvverich jeblevve vun dem praachvolle Stöckelche Land, wo de Neppeser un och vill Kölche ehr Verjnöje dran hatte.

Hä loch zweschen der Nüßer- und der Mauenheimer Stroß un reckte en der Längsaaß vun der Simon-Meister-Stroß bes unjefähr an der Nehler Kirchwäch. Em letzte Stöck dät sich der Fischers Jade anschleße.

Vun der Nüßer Stroß us kunnt mer durch en jroße Pooz vun ner Weetschaff an dem Park erenkumme, en dem em Summer ne jroße Weiher zom Kahnfahre un Musik zom Danze enladen dät. Üvver en Bröck kunnt mer op die and're Sick vun dem Wasser kumme un en Insel dät dat janze Bild noch verschönere.

Dä Weiher wor noch dä Reßbestand vun nem ale Rhingärm, dä fröhter üvver de Frohnjass, Florastroß, Mauenheimer Stroß, Weidenpesch-Merheim, Worringerbroch un vun do widder en der Rhing fleßen dät.

Öm dat Johr 1900 eröm wood dä Jade opjehovve, dä Weiher sollt zojeschott un Jrund un Boddem för Bauzwecke vörjereech wäde. Dofför moot vill Schutt un Dreck eran jehollt wäde. Zo der Zick dät ich en der Simon-Meister-Stroß en de Schull jon.

Un wie no dä janze Jade jetz suzesage Freijelände wor, wat loch do nöhter, dat meer Trabante do et Rejalt üvvernohme. Unse Schullwäch wor jetz e janz Stöck köter jewode, dä jingk jetz quer durch der Jade, lans der Weiher bes an en huh Mor, un wann meer die erop jeklomme wore, dann höppte mer en de Mauenheimer Stroß un woren em Nu do. No kom et allt ens vör, dat dä Schullwäch zom „Spiel ohne Grenzen“ usaaten dät, sudat mer nohher fruh wor, wann de Sonn jet schingen dät, sudat die klätschnaße Pluute widder jet drüch woodte.

Dat Wasser wor för uns de Haupsaach vum janze Jade. Wann meer met ner Fluz, die meer met Balke un Bredder zesamme jebastelt hatte, met lange Stange durch dat gröne Linsejemös stocheren däte, dann föhlte meer uns wie der Kolumbus, wie dä dat Ei kapott jeschlagen un dann Amerika entdeck hät. Wann zwei Fluze em Ensatz wore, dann jov dat en Wasserschlach, die sich jewäschen hatt.

Je mih dat dä Weiher zojeschott wood, desto mih Fesch däten sich zeije. Dat glitzerte nor su vun Jold un Selver, mänchmol stundten die Fesch en jroße Schwärm un bewägten sich kaum. Met lange Kode, die vun Ofer zo Ofer reckte un bei denne en der Medde veer bes fünf Angelhoke anjebraht wore, kunnt mer die Fesch haufewies erus zoppe. Do hatten die Äldere vun nem Schullkamerad em Jade e jroß Feschbasseng, dat hatte meer en kooter Zick su voll jestopp, dat kein Plaatz mih do wor. Natörlich moote meer och för dat nüdije Foder sorje. Do ha’mer met ale Jadinge die brung Wasserflüh püngelewies jefange. Die schwer Karpe hatten sich meeschtens em Plantejröns verstoche. Do woren dann halvstärke Pooschte, die su en Stell enkreisen däte un öfters Kabänesse bes an de zehn Pund nor met der Hand fangen däte.

Em Jade stundten noch vill ale Bäum. Do kunnt einer zeije, ov hä noch jot klemme kunnt. En einem Baum hatte meer paar Bredder bes en de Spetz jeschleif un bovven för Setzplätz anjebraht. Do ha'mer dann Palaver avjehalde. Un wann dann die Krole vun wick her anjefloge kome un wollte sich jet räste, mooten se en Dör wigger fleje. Üvver de Wiggebäum, die ehr Äß bes üvver dem Wasser hatte, han meer Nohlaufe jespillt. Dat jingk wie bei de Aape, vun einem Baum noh'm andre. Bei dem niddrige Wasserstand maht et nix us, wann ens einer eren platschte.

För irgend e Spill wore meer nie verläje. Jetz wor ens widder „Räuber un Schanditz" fällich. Die Jroße bei uns hatten sich schon bei de Räuber zesamme jefunge. Ich hatt ming Plaatz bei de Schanditze. Die Jach jing loß.

Ävver unerwad leefen die Spetzbove vun Räuber jlich am Jade erus, de Nüßer Stroß erop op Köllen an. Meer met de Knöppele hingedren. Uns hing de Zung an der Mul erus, do stoppte vören dat Schmölzje un flutschten om Eijelstein an nem jroße Jeschäffshuus eren. Meer wollten natörlich noh, ävver do hät uns dä Portjee Hals üvver Kopp erus jeschmesse, meer woren doch met unse Knöppele nit standesjemäß. Die Kadette han meer an dem Dag nit mih jesinn.

Op der „Golde Eck" wood domols ein Völkerschau noh der and're jezeig. Die Beduine brahten do dat Spektakelstöck met dem „Pferdedieb". Zoeesch kunnte mer sinn, wie die Punjelebröder en ehrem Zelt jenöchlich am Kaffedrinke wore. Do kom op eimol öm de Eck ne Kopp en et Bild, schnuvte ens noh rächs , dann ens noh links un wor widder fott. Jlich drop kom hä widder, hä hatt faßjestallt, dat de Luff rein wor. Jetz bewägten hä sich langsam op die

Päder an, dät ävver, als wann in die nix anjinge un dann, met ner Jauigkeit, soß hä op einem Päd, schnappten sich beim Vörbeirigge noch en ander un wor och allt öm de Eck eröm. Op dat Jetrampels hin scheckten die dobenne einer erus, dä bes zehn zälle kunnt, un dä dät och zälle, zallt noch ens un woß jetz, dat zwei vun zehn nit mih do wore.

Wat hä jetz dun moot, wor brölle su hatt hä kunnt. Hä nohm ne deefe Lungezoch un scheckte ne Schrei op Reis, dat die Lappe am Zeltenjang hin un her flappten. Un dann wood dä Spetzbov noh welder Jach jeschnapp un wood als Strof unger de bläcke Foßsolle met Stöck kamesölt. Dat wor sujet, wat meer och spille kunnte. Alles hatt bei uns jot jeklapp, un no kom die Strof met dä Kamesölerei. Em Null Komma nix hatte meer unsem Spetzbov Schohn un Strümp usjetrocke un jrad zwei Schläch jejovve, do bröllten dä, als wann meer in dud maache wollte. Do hät unse Scheich in ävver anjeschnauz: „Do Jeck, wat wells do dann? Wann do dat nit verdrage kanns, dann brochs do doch keine Pädsspetzbov ze spille."

Met der Futa, wat janz schwatze Neger wore, hatte mer et eifacher. Die däte haupsächlich jän trummele. Wann die su en richtije Trummelade dohin läjen däte, dann trok der Löw em Zoo der Stätz en. Dobei sungen se e Leed met hunderte vun Strophe. Uns Musikkapell hatte mer flöck zesamme. Zwei ale Wäschkessele, en Häd kapodde Kochkessele un en Karbidtonn. Dat Leed met all dä Strophe han mer su nevvenbei jeliert. Dat jingk immer an einem Stöck: „Ora, bola, bola, jeh!" Wann mer dran wore, dann stippten de Lück de Finstere op un sahten: „Hört ehr? Do singen se widder."

Vun de Indianere brööch ich jo no eijentlich nit vill zo verzälle, denn mih wie der Karl May kann ich vun denne och nit bereechte. Op jeden Fall han mer dä janze Jade zor Prärie erklärt un sin dann dren eröm jesträuf un han de feindliche Kundschafter jesook. Un han Kreegsdänz enjeüb. De meeschte Arbeit hatte mer ävver, öm bunte Feddere ze finge för der Kopp zo dekoreere. Die Hähn en der Ömgägend nohmen allt Reißuus, wann se einer vun uns nor vun wiggem sohche, öm ehre zeroppte Stätz met de letzte Feddere zo versteche. Dann wore mer och scharf op ahl Scherme, denn vun dä iesere Drohtjeröste kunnt mer prima Pielboge maache. Denn su en Indianere han immer Strick un müssen sich wehre künne. Se müssen ävver och immer Strick han, söns künnten se jo kein Friddenspief mih rauche. Unger uns jesaht, wann unse Häupling Kaga en singem Kreegsanzoch jeduck en singem Wigwam soß, dann sohch dä uus, wie en Kluck, die Kiselstein usbröden deit.

Et wor et Foßballspill, wat domols singe Wäch maachen dät, un wofür meer Junge jlich För un Flamm wore. Doch wann uns einer jesaht hätt, dat späder ens Millione Minsche hinger däm Ball her wöre, dä hätte meer jlatt för verdötsch jehalde. Meer hatte noch keine richtije Foßball un woren allt zefredde, wann meer uns Wettspille jäjen andere Stroße met nem kleine Tennisball usdrage kunnte. An su ne Ball eran ze kumme, dat wor allt e Drama för sich. Jewöhnlich lochen die Tennisplätz an Stelle, die vun huhem Jras un Jebösch engekreis wore. Un wann su e Bällche ens üvver dat huhe Drohtjitter jöckte un dann em Jröns verschwinden dät, do kunnt mer sich schon en Pief anmaache, bes dat mer dä jefungen hatt. Et wor en möhsillije Arbeit. Un wann noh allem Söke janix ze finge wor, do krächten se (de Tennisspiller) der Iggel un sahten sich: „Däu uns doch der Naache, loß söke wä well!“ un jove dä Ball verlore. Dat wor uns Wasser op de Müll, meer hatte jo Zick un Jedold. Un wor et Jlöck uns jnädich, dann jov et ne Freudendanz. De nöchste Wettspille woren jerett.

Zwor han meer av un zo met nem jroße Ball jespillt, ävver dann stemmte irjendsjet nit. Entweder hatt die Gummiblos 20 Flecke un heelt de Luff nit, un dä Ball wor bal platt wie ne Pannekoche, udder de Nöht vun der Ledderhüls däte üvverall platze. Et kunnt och sin, dat dä Ball dat Fazung vun ner Schlummerroll hatt un wollt nie dohin, wo mer in hin han wollt. Dobei spillte meer op nem Platz, dä wor su schräch, dat drop jerodelt wood. Unger denne Ömständ sollten hück die Foßballstars ens spille, do wören die flöck met ehrem Lating am Engk, un der Lack wör av. Meer kunnten sujar met nem Lumpeball spille, dobei noch met Bläckföß.

Su secher wie der Hervs kütt, de Pattevügel sin met derbei. Villeich hät dä eine singe Vugel vum vörije Johr erüvver jerett un deit in nor jet opkladunjele, un ne andere bastelt sich ne neue met alle Schikane. Et kann sin, dat de Mamm schänge moot, weil üvverall Mählpapp klevven dät, un dat se de Papeerschnibbele us der Zupp plöcke moot.

No wor et suwick, dat dä Vugel em Volksjade zeije moot, wat hä kunnt. Pielop fägten hä en de Luff un kom met nem Koppstätzje widder erav jeschosse. Jlöcklijerwies hat hä nit de Knoche, dat heisch de Latze zerbroche, denn Koppstätzjer sin immer jefährlich. No wood am Stätz un an der Spann eröm laboreet un dann e paarmol widder probeet un endlich schung et, dat hä jetz kein Mucke mih hatt.

Hä stundt jetz räuhich en der Luff un waggelte jetz nor jet mem Stätz als wöllt hä sage: „No loßt och schön Kood scheeße." Dat eß flöcker jesaht wie jedonn, denn Selverkood eß dör. Do muß mer allt ne jode Ohm udder Tant met Pattevugelsverstand han. Janz wick un huh hatt sich dä Vugel jetz erop jearbeit, ävver no wor ‚Schluß em Dom': Et wor kein Kood mih do. Et wor no allt Kraff nüdich, för dä leddije Koodeknöppel zo halde un dä Besetzer saht för sing Fründe: „He! Probeet ens, wat dä trick!", wat die im och zojevven däte. För dat Enholle vun nem Vugel, dä wick fott steit, eß vill Zick nüdich. Nor schlemm eß för su e Pattevugelsverjnöje, wann en Unwedder huh trick. Dann fängk hä op eimol bovven an ze danze, no heisch et Kood enholle, wat mer nor kann. Ävver durch dä stärkere Zoch weed hä bovven janz doll un saus met jroße Koppstätzjer hin un her. Op halvem Wäch rieß dann meeschtens noch de Kood un dat eß dann et Engk. Der Vugel eß verlore un nimmp e jot Deil Kood met. Zoröck bliev en Häufje Älend un bieß op de Zäng för nit ze kriesche.

Em Winter han meer em Volksjade immer jet Olympiade jespillt. Do wollt jeder der Eeschte sin, dä op dem Ies jewäse wor. Wann dat su dönn wor, dat et ne Minsch em Ston noch nit drage kunnt, dann jov et ehrer, die sich de Längdelang mem Buch op dat Ies jelaht han. Dann knackten un wellten dat op un av, ävver et dät meeschtens halde. Un wann et doch janz baschten dät, dann kunnt hä klätschnaß noh Hus sause un wood dann do bestemmp nit op et hühkste Treppche jestallt. Ich jläuve eher, dat mer in för sing Motprob üvver et Kneen jelaht un der Pries hinger drop jeklopp hät. Om Weiher jingk et immer dröm, wä de längste Iesbahn maache un schlage künnt. Op der Stroß hätte mer die wäjen de Lück janit maache künne. Do weed jo allt en janz kleine Bahn jlich met Brikettäsch usradeet.

Dat Schlittschohnlaufe wor domols en ömständlije Saach. Do woren ehrer, die übten sich stundelang em Falle un andere schlogen sich met ehre Schlittschohn eröm, weil se andauernd eine verleeren däte. Dat woren ävver och Modelle, die rief för et Museium wore; vör luuter Ross kunnt mer kei Ieser mih sinn. Ohne Reeme un Kod en der Täsch hatt et bei denne üvverhaup keine Zweck, op et Ies ze jon.

Rodele däte mer op der Dünners Wies, die op der andere Sick vum Nehler Kirchwäch wor, un wo der Uslauf bal bes an die Nüßer Stroß jingk.

Späder, wann dat Ies opjebroche wor, jov et noch dä ‚Sport', op ner Iesscholl eröm ze sejele un vun einer Scholl op en andere ze springe.

Der Schnei blevv em Jade länger lijje wie op der Stroß, un dä Schneiballkreech wor nit su fröh am Engk.

För uns Junge blevv dä Volksjade et Standveedel, wo meer uns för en lange Zick noh Hätzensloß bewäje kunnte. Denn et dorte jet, bes dä Weiher un dat janze Jelände zojeschott un planeet wor. Do wor noch kei Röstzüch do, wie mer dat hückzedachs ensetze kann. Su ne Spillplatz, wie dä Volksjade bei singer Oplüsung, kritt de Jugend wal selde jebodde. För uns wor et praachvoll.

Doch wann ich die Saach su bedenke, meinen ich hück, dat et schad eß, dat su e Stöck Nator verschwunden eß. Jrad su en Ordenkmol, wie dä Rhingärm, wick vum Rhing fott, hätt mer als Jrönanlach erhalde müsse.

Hinweis: Weitere Informationen über „Der Neppeser Volksjade" findet man in dem Buch von Reinhold Kruse „Der Nippeser Weiher", Köln 2006.

Der Familjeusflog

Paar Wanderstivvele Nummer 46 met zwei Pund ieser Näl, en verschlesse leddere Botz, e wieß Schillerkragenhemp, en Hötche rundseröm met Blechmarke beschlage un en däm Ganze ne wibbelige Kähl, dat wor d'r Pliesters Hein, genannt der Schmal. Sonndag för Sonndag kunnt mer in su durch Wald un Bösch fäge sinn, hä wor ganz verdötsch op et Wandere.

Hä wor Junggesell un wonnten als möbeleeten Här bei d'r Familie Quidelemann. Die wore vun genöglicher Aat. Sonndags en de 11 Ohr Mess, nohm Esse paar Stund genöört, ne kleine Spazeergang nohm Rhing un op dä Ovend noch paar Gläscher Kölsch, su kräge se dä Dag eröm. No hatt dä Här Pliester inne su vill Schönes vum Wandere verzallt, dat se richtig Aptik drop kräge. Koot un got, op eimol wor usgemaht, nökste Sonndag mäht de ganze Familje ne Usflog, der Hein sollt föhre. De Zipps, e verdrüch Ihepärche, wat op däselve Etasch wonnte, woll och met.

Schon aach Dag em vörop wood doför gebrasselt. Der Vatter Quidelemann sook singe feldgraue Kammisrock erus un plöckten do de Motten erus. Sing Frau, et Billa, un de Dochter Bärbelche, e verbild Dämche vun 18 Johr, moote natörlich e neu Dirndlkleidche han. Se kunnten sich ävver nit einig wäde, ov se de Tallje huh ov deef maache sollte. Bis dat et dem Ühm, dä hinger däm Ovve sohs, zo doll wood. Hä saht: „Maht üch doch en Schalusie dran, dann künnt ehr se erop un erav trecke.“ Als Schohn wählten et Bärbelche de Krokodilleddere met dä huh Avsätz. Dat kleine Jüppche maht sich sing Hötche selvs, hä schnett sich am Bibi vun singem Papp de Küpp erus un hatt et schönste Sepplhötche. Doför kräg hä donoh en öntliche Portion Heimatklänge. Allerhand schön Sächelcher wodte gebacken, un dat Jüppche kräg se andauernd op de Knuppe, weil hä de Grümmele vum Streukoche nit en Rauh lohse kunnt. Zweschendurch hatt de Zipps alle Minutts jet zo froge. Ov se dat Schirm met dä rund ov Hungskröck metnemme sollt, ov mer dobei besser en seide ov wölle Botz antrecke dät. Se meinte och, ov se met ner Kump Ädäppelschlot, nem Ring Blootwoosch, 8 Eier un nem Pudding, dobei noch ne Püngel Botterramme för zwei Mann Fudderasch och genog hätte. De Quidelemanns woll för Meddags ne große Kessel met Bunnezupp parat maache. Un der ganzen Dag woodte Wanderleeder gesunge. De Zipps äugten bovve noh dä Blomen en d'r Kall un sung: „Wer hat dich du schöner Wald, aufgebaut so hoch da droben.“ Un et Bärbelche krihte met singem Möschestemmche: „Jrün ist die Heide, die Heide ist jrün“, bis dat sing Mamm säht: „Kind, no loß et jitz got sin, mer wessen et jo, dat se jrön eß.“

Endlich wor dä Sonndag do. Dat Jüppche kräg noch em letzte Momang d'r Hals gewäsche, däm Ühm wood Adjüs gesaht, un dann klabasterte dä Zog de Trapp erav op de Stroß. Et Bärbelche hatt e raffineet Jägerhötche an, wodrunger die freschgemahte Dauerlöckelcher vörwetzig erusstippte. Stolz schwenkten et de Blomemuster vun singem Dirndlkleidche hin un her. De Zipps hatt sich jet vun nem

Carmenkostüm zosamme gebastelt. Em Geseech hatt se öntlich Politur opgelaht un sohch us, we en Eckschäfge, dat fresch vum Anstricher kütt. Am Zipps singer Botz woren de Bein koot avgeschnedde, un hä versook allt immer, die blecke Kneen zo versteche. Hä hatt se jo raseet, dobei wor im ävver et Metz ärg stump gewohde, su dat hä jitz e verschängeleet Geseech hatt, als wenn hä schon ne Gletscher erav gerötsch wör. Nevven im dötzten der Vatter Drickes Quidelemann als lebendig Proviantamp. Hä hatt en Aap om Puckel, die wor nit vun schläächte Eldere. Dobei drog hä rächs noch en Maattäsch met Botterramme un links dä Kessel met Bunnezupp. Wer in su sohch, dä hatt dat Geföhl, dat hä unger däm Strühhot och noch Paar Büchse Ölsardine verstochen hatt. Als Letzte kächten de Frau Billa Quidelemann hingerdrenn. Wie ne garneete Rollmops walzten se doher, un se fohlt sich alle Minutts lans de Nöht, ov och nix platzen dät. Om dä Zog eröm sprung dä Fipps vun dä Zipps, e klein Kreuzwootrötsel vun nem Hungk. Ne Kopp hatt hä wie en engedröckte Spardos, ne Balg wie en Schlummerroll, un dä Stätz sohch us wie e Frankfurter Wööschge. Dat Einzige, dat hä bestemmp vun nem Hungk hatt, wor, dat hä belle kunnt. Jitz drihten hä sich vör Freud rund öm sich selvs eröm, beß sich en der Stätz, sprung en de Sod, däm Zipps an de Kneen, widder en de Sod, an de Kneen, et wor för dä Zipps en dreckelich Vergnöge. De ganze Nohberschaff log en der Finster un fraut sich, dat et su fröh ald jet zo sinn gov. „Morge Frau Quidelemann“, reef de Frau Schnüffge, „goht ehr jet an de Looch? Dat eß räch. Mein Gott, Frau Zipps, wat hatt ehr üch Staats gemaht. Ehr seht jo zehn Johr jünger us. Un wat dat Bärbelche su nett eß, richtig för anzobieße, un dat

Jüppche, dat leev Kälche. Adjüs Här Quidelemann, amüseet üch got, un hoffentlich behald ehr got Wedder." Doch kaum wor die Bagasch öm de Eck eröm, do gingk et vun Finster zo Finster los: „Hatt ehr dat gesinn, dat huhnäsige Pack? Hatt ehr die Quidelemanns gesinn en däm kattunge Fähnche? Zweimol uus dem Schnieder un dann esu jet am Liev. Un dat Bärb, die opgeblose Kraachaap. Un dä freche Balg vun nem Jung. Dä kräg vun meer mih Reß wie zo esse. Un die Zipps, dat ahl Wedderhohn, die süht jo us wie durch der Stropp gefalle. Wat die üvverhaup all em Rucksack han? Die sollte zoeesch ens ehre Pump bezahle. Un dä Zipps, haha, dä Zipps, däm han se de Botzebein gepfänd. Do well dä noch met singe Wooschtepennchesbein de Lück weld maache. Dä sollt die zoeesch ens durch de Mangel drihe. Ich wünsche jo nix Schlääächtes, ich wünsche keinem jet Schlääächtes, ävver rähne mööt et, rähne, dat se em Naache widder köme."

Der Hein dät se am Bahnhof erwade un hatt e benaut Geföhl, wie hä dat Klübche eran kumme sohch. Hä moot sich selver sage: „Et jit kei größer Leid, als wat dä Minsch sich selvs andeit." No wollte se grad en dä Zog ensteige, do wor op eimol et Jüppche un och der Fipps fott. Noh villem söke wood et Jüppche an nem D-Zog eruus gereck, un dä Fipps kom met nem Bröll hinger nem Büffet erus gefloge. Et wor ävver och de hühkste Zick, un wie dä Schmal als Letzter am Zog erenn sprung, kräg hä die Dör esu widder singe Röckstrang geschlage, dat hä beinöhks an dä andere Sick widder erus gefloge wör. Nohdäm sich et Hätzkloppe jet gelaht hatt, packten der Quidelemann de eeschte Botterramme us. Och de Zipps däte jet esse spille. Dä Här Wanderföhrer maht met der Fräulein Quidelemann ne gebildte Verzäll, un et

Jüppche versökte, däm Fipps ne Knöddel en d'r Stätz zo maache.

En entönigem Ratata kächten dä Zog. Der Quidelemann wor engepennt, der Strühhot wor im op de Nas gerötsch, un hä wor em Draum secher op ner Reis noh Batavia. Die Andere schwärmten en Vörfreud op die Tour. Do op eimol – ne Knall – ne villstemmige Krih – un – do soß de Frau Quidelemann em Bunnefrikassee. Die Bunnezupp wor us däm Gepäcknetz gekipp un ehr tireck op de Garnitur gefloge. Dobei hatten de Bunne op ehrem schöne Dirndlkleidche e ganz verdötsch Blomemuster hingezaubert. Dutverschreck wor der Drickes opgesprunge. Hä wor noch halv em Dusel, un wie hä jitz nor noch Bunnezupp sohch, dät hä nor sage: „Eß et ald Zick för Meddagesse?" Dä ärmen Höösch, wat kräg dä jitz an der Kopp geschmesse. E ganz Schänglexikon fägte üvver in fott, un hä kunnt vun Glöck sage, dat se jitz genog zo dun hatte, öm die Bunne widder en et Döppe zo kratze. Zovörkummend hatt dä Schmal der Frau Billa sing Keep öm ehr verschängeleet Baselümche gehange, un se soß no do wie der Niklos, däm se der Noßsack gekläut han. Üvver die Zupp, die noch om Boddem log, hatt dä Fipps sich drüvver hergemaht un et dorte nit lang, do wor däm et Fell zo koot. Su wore se lantsam dem Ziel nöhter gekumme un met Aach un Kraach komen se all beiziggen am Zog erus. Grad woren se om Bahnsteig am üvverläge, wat se all vergessen hätte. Do komen och ald vum fahrende Zog erus e Gebüngche met Botterramme, däm Jüppche si Hötche un vum Bärbelche de Handtäsch gefloge. An der Bahnsperre woren op eimol de Fahrkaate vun der Familje Quidelemann nit mih do, doch wie dä Familjevörstand als letztes och noch de Stivvele usgetrocken hatt, komen se widder an et Dagesleech. Noh all dä Oprägung dät sich der Drickes em Wartesaal zwei Doppelkorn genehmige, derwiel die Dame vör nem Spegel vun nem Schukeladeautomat ehr Fassad zoräch zuppten. No kunnt et los gon. Der Wanderbas schnuvten ens der Wind en, laht der Kompaß op de Kaat, un hauten av. Die Aspirante wie de Küchelcher hinger drenn. Se wore noch kein fuffzig Meter wick, do reef et ald vun hinger: „Sag Männche, jet lantsam! Udder meins do, do hätts de Familje Nurmi hinger deer." Glich drop gingk dä Wäg e Birgelche erop. „Knatschverdötsch", resoneeten de Frau Billa. „Do laufe meer he usgerechnet ne Birg erop, un do ungen eß de schönste Stroß." „No sitt zofridde", beräuigten se der Hein, „do bovven hatt ehr och e praachvoll Panorama." Met vill Gekühms un Gekächs kom dat Schmölzge bovven an, un wie dä Wanderbas de Gägend zeige woll, do logen se all em Gras un streckten alle Veere vun sich. Als Eeschter fing der Zipps em Rucksack an zo krose. Die beklätschte Hand, die hä widder erus trok, zeigten im an, dat dobenne irgend jet nit stemmte. Un glich drop sohch hä die Bescherung. Die ganze Fudderasch, Ädäppelschloot, Schukelad, Blootwoosch, Gurke un Pudding, alles wor ei Gemölsch. Der Mostert hatt sich zweschen der Appeltaat breit gemaat. Met Koppschöddele paddelten der Zipps en däm Durchenein, hä kunnt ävver die einzelne Deil nit mih usenanderbränge. „Dann weed et als Kumpott gegesse", bestemmten hä un stoot sich nit dran, wat der Mage sagen dät.

Noh ner jot Wiel braht der Hein sing Karawan widder op Trapp un sauste met inne em steilste Karjär der Birg erav, su dat dä Drickes met singem Kessel Bunnezupp vun einem Baum an der andere flog.

Singem Billa platzten et Kleid, un däm Bärbel gingk ne Avsatz drieve. Dä Fipps kom zovill en der Schoss un rollten koppüvver erav. An nem Baach stoppten die weld Jag. Doch dä Schmal jöckte üvver ne Baumstamm, dä als Bröck deente, op die ander Sick. Met vill Gedöns un Geschrei komen die Andere noh. Et Jüppche, dä sich jet zeige woll, höppten op einem Bein drüvver. Hä letschten us un klatsch, log hä de längdelang em Baach. Wat nötzte do dä Balg Wachs. Dat nette Matroseanzöchelche schrumpelte durch die ungewente Däuf zosamme, mer kunnt sinn, wie bei däm Köttel de Ärmen un Bein ald immer länger am Anzoch erus kome. Dä Wäg gingk jitz üvver e frei Feld, un die Sonn brannt, als wöllt se vun denne, die do unger üvver ne Feldwäg talpte, verdrüchte Stockfesch maache. Un nirgends en Weetschaff. Endlich, dä Quidelemann leef ald blau an, kome Bäum, un an nem Baach wood Meddagsrahs gehalde. För die Zupp wärm zo maache, brannt bal e Holzfóörche, un et Jüppche maht met däm Strühhot vum Papp esu lang Wind, bis dat dä Hot endlich brannt. Dä Hein hatt sich ungerwägs paar Pilze metgenomme und wie hä die schnabeleeren dät, sohchen im die Andere meßtrauisch zo. „Ich meine, hä leef ald blau an“, tuschelte et Billa singem Drickes zo, „et weed im doch wal nix passeere, hä eß noch för vier Woche de Meet schöldig.“ De Mohlzick wor gedon. Der Zipps drunk ens an dä Fläsch met Himbeerwasser, un wie hä sing bläcke Bein ansohch, wood hä motwellig un fing an zo jodele. Hä wollt ens et Echo probeere. Kaum hatt hä angefange, do kloppten im sing Echo op der Rögge un saht. „Do ahle Stockfesch, kanns do nit lantsam drinke?“ Et Bärbelche hatt sich jet op Sick gesatz. „Saht Frau Quidelemann“, saht dä Schmal, „wat fummelt sich dat Bärbelche su an der Nas eröm?" „Wat fummele?" schnauten die zoröck. „Dat is nit am fummele, dat Bärbelche is am dichte." Glich drop reef se och ald: „Wie is et Bärbelche, is et wat? Dann lis doch et Gedichtelche mal vor." Dat leet sich och nit lang nüdige, stallt sich op ne Baumstump, spetzten et Schnüssge un fing an:

Im Wald

Mir sin im Wald, im schönen Wald
Et is nit warm un auch nit kalt
Die Bäum die sin am grünen
Un alle Blumen blühnen
In der Ferne knallt ene Schuss
Un über uns – da flieg ene Stuss
Der Himmel is voll Bläue
Da lähs sich fröhlich käue.
De Vögel singen mit der Kehl
Un über'n Weg – da hüpp en Mähl
Et Herz is voll von Liebe
Ach, – wenn et doch immer so bliebe.

„Prima, Bravo!" schallten et vun alle Sigge, un de Dichterinmutter stundt do, su stolz, als wör se grad gewahr gewode, dat der Schiller un der Goethe e paar Zwillinge vun ehr wöre. „Su, jitz ävver Rauh", kommandeeten der Quidelemann un hatt noh fünf Minute der eeschten Ass avgesäg. Der Zipps drevv sich em Bösch eröm. Hä wor noch nit lang fott, do kom hä opgeräch angefäg. „Ne Hirsch, ich han ne Hirsch gesinn", platzten hä us un braht domet dat möde Geläälsch en Schwung. Dä Schmal leet sich die Stell beschrieve, schlech sich dann vorsichtig durch der Bösch, un die andere paaschten sich hinger im noh. Et dorte nit lang, do hing de Zipps met ehrem Bubikopp en de Döner, et Bärbel hatt en der Matsch getrodde un sook dodrenn singe Schohn. De Quidelemanns hatt en klein Fünf vun nem halve Meter en et Kleid geresse, un dem Papp wor ne Ass hinderlestig vör de Nas geflutsch. Jitz schimmerte jet Brunges durch et Gröns. „Do, do!" jappten dä Zipps un do – – ne Bröll, ne Böök – als wenn en usgewaße Koh gebrollt hätt – un et wor och en Koh. Un doför dat ganze Gedöns. Wat jitz kom, dat wor för dä Hirschsöker de Stund der Bewährung. Wie se widder em Standquarteer ankome, do gläuvten se ehre Auge nit zo traue. Der Rucksack vun Quidelemanns wor lebendig gewode. Dä Hein, dä kurascheet hin sprung, trok zoeesch der Stätz un dann der ganze Fipps eruus. Dä hatt glöcklich et ganze Fettige vun de Botterramme gefresse!

Et wor en wödige Gesellschaff, die glich drop hinger däm Schmal her latschte. Ganz höösch fing et jitz an zo rähne. „Och dat noch" kühmten dä Hein un worf ne verzwiefelte Bleck noh dä Stell, wo de Sonn sin sollt. Bal wor de schönste Sief em Gang. Der Drickes hatt et Jüppche, dä nit mih laufe woll, en der Rucksack gestopp, un wie hä jitz met singe Infanteriequänzcher doher stampte, sohch hä us we ne Kinderräuber. Dä Strühhot wor vum Rähn opgequolle un dat Strüh hatt sich en Nudele verwandelt. Et Billa reef an einem Stöck alle 14 Nuthelfer an, un beim Bärbelche wor vun de Dauerwelle för fünf Mark un vun der Bildung alles zum Deuvel. Vun dä Zipps wor der Anstrech ganz drieve gegange un ehre Mann hatt sich paar Sackdöcher öm de blecke Bein gedriht, weil et im zo kalt wor. Dä ärme Schmal an der Spetz rannt, als wöre se met Meßgaffele hinger im, un hä braht et winnigstens su wick, dat sing

Wandergenosse kein Luff mih hatte för zo schänge. Durch Wiese, Bösch un Baach gingk dä Wäg, et wollt kein Engk nemme. Endlich wore se om Bahnhof. Em Düstere komen se derheim an Land. Se kannten ehr Nobere un wollten denne nit die Freud günne, dat die se en däm Zostand sohche.

Un dernoh. Bei de Quidelemanns heesch et: Nie widder. De Zipps versoffe bal em Peffermünztee, un dä Fipps leef 14 Dag met ner Windel öm der Buch eröm. Der Pliester sook sich en ander möbeleet Zemmer.

Dät ens einer froge: „Wie wor et dann om Usflog?“ dann heesch et:

„Schön, wunderschön!“

Der Schötzekünning

Met dem Bäckermeister Nubbel wor dise Morge nit got Keesche esse. „Ich wäde denne schon zeige, wer Schötzekünning weed“, brummten hä durch de Zäng un schmeß dobei ne Knubbel Deig su wödig op de Woog, dat de Geweechstein en huhem Boge durch de Backstuvv höppte. Dudverschreck wor et Nöllche, singe Steff, en de Kneen gesack un sook no flöck dat Geschräppels widder zesamme.

Der Nubbel wor ne kleine Knagges. Dä rude Knollekopp kom wie ne freschgebohnerte Kürbis ohne vill Hals an dä breit Scholderbládder erus. Dä Buch stippte vörwetzig en de Gägend. De Bein schungen sich gägensiggig nit richtig zo verdrage, denn se leefen noh unge en öntlich Stöck usenander.

„Dat jeck Frauminsch“, schant jitz der Nubbel un mengte sing ganze Woot en dä Brütchesdeig eren. Derwiel stundt dat jeck Frauminsch vören em Lade, un dät de Kundschaff bedeene. He paar Brütcher schön weich, do 4 Brütcher got knappig. De Frau Rölls kräg e Graubrut, „ävver nit ze fresch“ meinte se, „söns friss mingen Dölfes dat op eimol op.“ De Frau Bäckermeisterin Katharina Nubbel rangeete dat Ganze wie ne Feldwäbel. Jitz hat se grad et Fräulein Pingelich bedeent. Do laht dat Schnippsge doch widder ein Brütchen op de Thek un fleuten dobei. „Gebe se mir dadafür eckersch e anderes, wat besser aussieht.“ „Wat eß“, reß et Trina de Muul op un stemmten dobei de Arme en de Sick. „Wat besser ussüht? Mer backen üch och noch ne Bilderrahme drömeröm un molen och noch Blome drop. Dat künnt ehr jo för ehr nackige fünef Pennige verlange." Fott wor dat Brütche, un dat Irmche kunnt nit flöck genog de Klink vun der Ladedöör schnappe.

Wenn mer de Nubbels hoot un sohch, dann hatt mer glich eweg, wer em Huus ze sage hatt. Se wor ne gode Kopp größer wie ehre Drickes, un wenn dä sich hinger ehrem Fazung versteche woll, dann kunnt hä sich räuig op e Foßbänkelche stelle, un och noch der Zilinder andun. Se wor och söns huh erus un leet keine Augenbleck vorüvver gon, wo se met ehrer Däftigkeit strunze kunnt. Un dat wor och dä Grund, woröm se ehrem Männi esu op de Ziehe getrodde hatt. „Wat", hatt se gesaht, „do Tröt, beß do dann ene Kääl? Jetz beß do ald fuffzehn Johr em Schötzeverein un beß noch nit eimol Schötzekünning gewode. Do kanns als Gewehr och ne Bessemstill en de Flosse nemme, do schüüß do genau esu met." Et wurmte se üvver alle Moße, dat se sich noch nit als Schötzekünnigin hatt präsenteere künne.

Der Nubbel simuleete jetz Dag un Nach, wie hä Schötzekünning wäde künnt. Un do hä sich en der Backstuvv allein fohlt, laht hä sing Büchelche op der Desch un dät met nem Latzestöck Zielübunge nohm Schlösselloch vun dä Dör maache, öm sich zo übe. Grad en däm Momang kom et Drück, en unverdorve Mäd vum Land, erenn. Met nem Bröll klatschten et dä Milchpott, dä it drog, en der Dreck un glich bälkten et durch et Huus: „Hölp, Hölp, – – der Meister öß verdötsch wurde, dä wollt mich dut scheeße." Met opgerollte Maue kom de Nubbels eran gefäg, em Vörbeigon hatt se sich dä Ädäppelsstamper geschnapp un maht no vörsichtig de Döör vun d'r

Backstuvv op. Doch do stundt ehren Drickes, su als wann ganix gewäs wör un spingsten am Backovven erenn. „Do domm Schruut", schnauten de Nubbels die Mäd an, „deer flimmert et wal em Geheenskaste. Maach deer ens kahl Ömschläg." „Un do Kromets-vugel!" fohr se dä Drickes an, „do Zomöd lihs he met dinge fuul Knochen om Desch, un drenne waat mer schweissgebad op de Brütcher, läg dich doch noch jet, do Längdelahm, villeich kummen de Heinzelmännche. No maach, dat ich vöre bal jet zo sinn krige." Un domet knallte se de Dör en et Schloß, dat der Nubbel de Grümmele vum Streukoche faßhalde moot.

Dä Schötzeverein hatt Vereinsovend. Dä Nubbel, udder de Mopp, we hä bei singe Schötzebröder heesch, hatt ald de drette Rund springe loße. Singe lus Äugelcher kunnt mer ansinn, dat hä irgends jet vör hatt. „Junge", saht hä jitz su nevvenbei, „wann ich Schötzekünning wööd, dat göv e Feß." „Woröm solls do nit Schötzekünning wäde", heesch et vun alle Sigge, „grad do Mopp häß doch et richtige Fazung doför." En neu Rund kom op de Tapet, un wie dä Nubbel nohher op waggelige Bein op heim anschrömte, hatt hä met de Latänepöl de eeschte Parad avgehalde. Je nöhter et Schötzefeß kom, ömsu kribbeliger wood dä Drickes. Et wor im kein Geheimnis, dat och de Woosch, dä Metzgermeister Pötz, ärg op Schötzekünning reflekteeren dät. Mih wie eimol kom jitz et Backzüch met ner schwatze Koosch us däm Ovve, doröm hatt sich de Frau Schmitz met der Nubbels schwer en de Hoore gehatt. Se hatt doch gesaht: „Saht, hööt dat met dä schwatze Kooschte nit bal op, ov meint ehr villeich, meer wöllte met öhrem Brut Domino spille, fresse kann mer et jo bal nit mih."

Et Schötzefeß wor do. No wor et su wick, dat dä Künning usgeschosse wood. Jeder hatt drei Schoß op de Schiev. Am Beste stundt bis jitz dä Pötz, dem Nubbel singe schärfste Konkurrent. Wie ne opgeblose Truthahn leef hä om Schötzestand eröm un daut singe Quadratmeter Brußkasten erus, als hädden hä sich e Naakskummödche unger de Weß gedaut. „Mopp! Do beß dran", heeß et jitz om Stand, „loß gon, meer halde deer et Dümche." Wie dä Nubbel et Gewehr schnappte, do wor im zomot, wie däm Tell, eh dat dä vun däm Appel Kumpott gemaht hatt. „Hang deer e Marzipankränzche öm de Schiev", uuzten de Woosch, „dann triffs do besser." „Mer kann jo och ein vun dinge fimschige Wöösch dröm hange", bletzten der Drickes zoröck, „Fettflecke gevven et jo nit." Un dann fing hä an ze ziele. „Ich scheeßen en 12, ich scheeßen en 12", hypnotiseeten hä sich selvs, un päng – – – getroffe meddsen en et Schwatze. Dat hatt geflupp, und dä Nubbel schnappte noh Looch, als wenn hä 10 Minutte unger Wasser gewäse wör. Neu gelade, fresch gezielt un widder en 12. Jitz wood et ävver om Schötzestand lebendig. Rotschläg floge hin un her. „Spei ens dreimol op de Kugel", reef dä Denze Schmahl, un die Rischse Knoll meinte, hä soll sich en Patronehüls en et linke Naseloch stoppe, dat göv Glöck. Wie neu gelade wor, un et widder an et Ziele gingk, wibbelte dem Glöcksschötz si Gewehr vör Oprägung wie ne Entestätz. Doch jitz gingk dem Nubbel e neu Zauberwood durch et Geheens. „Ich wäde Künning, ich wäde Künning", an nix anderes daach hä. Un die Zwei, die de Schosschiev bedeenen däte, daachten och: „Woröm soll hä nit Künning wäde, do krige mer bestemmp allerhand ze suffe." Un peng – – – „Hurra", schreiten dat ganze Schmölzge, „en 12, mer han der Künning. Hoch, Mopp der Erste." Em Nu hatte se dä verdatterte Meisterschötz op de Scholdere gehovve un drogen in met vill Buhei rund. Un wie der Drickes do bovve schwävte, do kom im esu en klein Ahnung, wie et domols dem große Kaiser Karl zomot wor, wenn hä vun singe Vasalle rund gedrage wood. Et wor im wie em Draum. Wor hä wirklich Künning? Doch sing Schötzebröder, die su verdötsch met im ömginge, wore wal der beste Bewies. Wie hä widder op der Äd stundt, gov dat e gratuleere. De Maue ressen se im bal us. Hä wor Künning. Stolz reckten hä sich op, su, dat im hinger beidse Botzeknöpp avsprunge. Wie der Nubbel an däm Ovend heimgekumme es, kunnt hä nohher nit mih sage. Ävver die et wesse müsse, sahten: Hä hätt unger op der Trapp gesesse met ner Koocheform om Kopp und vör sich hin gesaht: „Ich ben Künning, nä, nä, ich ben Künning."

Bis dat et Trina eravgeschluff kom, im die Koocheform vum Kopp schlog un in am Kragen erop schleifte, wobei et schant: „Do versoffe Bölzge, ich gevve der ne Künning. Dä häß do deer widder an der Thek zesamme geschosse." Doch am andere Morge, de Auge kome der Nubbels bal vör der Kopp, wie vun der Kundschaff einer nohm andere kom un ehr als Künnigin gratuleeren dät, do leet se Brütcher Brütcher sin un rannt en de Backstuvv, wo der Drickes grad singe Bleischädel unger de Wasserleidung halden dät. „Eß dat wohr?" reef se en einer Opprägung, „beß do Künning gewode?" Der Nubbel dät, als wenn dat ganix wör, un säht mem dömmste Geseech: „Ich meine, dat künns do doch sinn." „Woröm deis do Kääl dann nit de Muul op?" schreiten et Trina, „jitz steiht mer do un eß Künnigin und hät nix för anzotrecke." Gov dat jitz ne Durchenein! Der ganze Kleiderschrank wood op der Kopp gestallt, un glich moot et Schmitze Billche eran, wat immer em Bäckerschhus nihe dät. Och däm Drickes dämmerte et, dat im hück noch allerhand bevörstund. Dise Novend kome de Schötzebröder ehre Künning avholle. Doröm dät hä sich em gode Zemmer enschleße, trook sing Galauniform an und bung sich dä Zabel, dä hä als Künning drage moot, öm der Buch. Su opkladunjelt probeete hä vör dem Spegel ne königliche Gang. Doch esu einfach es dat nit, met nem lange Zabel eröm ze laufe. Op eimol hing im die Plemp zwesche de Bein, un hä knallte mem Kopp widder en Eck vum Vertiko. Do hatt der Künning einswiele nix andersch ze dun, als die Bühl fott zo köhle, domet im der Hot widder passen dät. En Stund vör der Zick stundt et Künningspaar ald fix un fädig parat un spingste durch de Rutte. En der Nohberschaff woren de Finstere wick opgeresse, un de Familje hinge üvereneín erus. Der Drickes hatt de wieße Händche ald dressig Mol us un widder angetrocke, un de Nubbels frogten et Drück alle Minutts, ov se su och gon künnt? „Nä, nä, wat sitt ehr en Künnigin“, meinten dat, „do wudden der Napoleon legge, dat hä die gehatt hädde.“ Jitz klung drussen en flotte Marschmusik. Se kome. Däm Drickes fingen de Kneen an zo schloddere, große Schweißdroppen troten im op de Steen. Glich komandeete einer op der Stroß. „Richt Euch. Augen gerade aus.“ De Musik intoneete der Präsenteermarsch, der Künning wood erwadt. Su königlich, wie hä evvens kunnt, kom der Drickes am Huus erus. Dä Zabel drog hä wie en Käz wick vum Liev. Hä woß, wat dat för e gefährlich Dinge wor. Der Haupmann maht Meldung. Der neue Künning blees de Backen op, trook de Steen en Falde un schrett de Front av. Hä stolzeete we ne Hahn, dä op ne fremde Meß gerode eß. Sing Schötzebröder kniepten im met klein Suffäugelcher zo. Dobei sohch dä Schnieder Latz die mächtige Bühl an dem königliche Haup, un leet och glich sing freche Schnüss gon. „Sag Mopp, hät deer ding Königin de Krun zo ärg op der Dätz gehaue?" Dä Drickes wor fruh, wie hä am Engk vum Glidd wor, un stuppte jitz singe Zabel fass op et Pflaster. Dat hätt hä ävver nit dun solle. Dat Unglöcksdinge wor met der Spetz en en deefe Retz zweschen de Pflasterstein gerode, un weil et beim Wiggergon nit metkunnt, trook et singen Här wie ne Flitschboge widder zoröck, su dat dä Künning bei dem Tirvel bal en de Sod gefloge wör. Em letzte Momang kunnt hä sich ävver noch schnappe, un wie hä singe Zabel ansohch, do meinten hä, dat dä am grinse wor. Jitz gov dä Künning singem Haupmann de Hand, wat esu vill heische sollt, et stemmp, fohte de wieße Händche noch ens an der Hot un strömten widder op et Huus an, wo dä offe Galawage met dä Jubiläumsschimmele ald vörgefahre wor. Die Päd stunden do, wie op Stippe. Dat schöne Geschärr, wat se anhatte, wor secherlich nor doför do, se opprääch zo halde. Et Drück wor an der Husdöör ankascheet för de Künnigin fröhziggig ehre Optrett zo melde. „Hä kütt, hä kütt, eraus Frau Nubbel", bälkten et jitz am Husgang eren, su dat et der Nubbels geftig erusfohr: „Do boore Bessem, bröll doch nit wie nen Oß."

Doch glich feel ehr en, dat se doch en Künnigin wor. Se laht ihr freche Mul en königliche Falde, stippten de Nas op 450 un ruuschte met majestätischem Hin- un Hergeschwenks op de Stroß, wo ehren Drickes se om Dörpel en Empfang nohm. „Ach", maht et ganze Volk, un dem Trina leef ne Schudder der Röggen erav, dat dat im gelden dät. Dä

Wage wor got gefeddert, un wie die Künnigin met ehre 220 Pund ensteigen dät, schwabbelten hä wie ne Naache bei Windstärke 12. Got, dat der Drickes flöck nohgesprunge wor un domet de Balanx widder do wor. Doch dä Kutscher vören om Bock, dä an nix Schlemmes daach, kräg bei dem Welleschlag ne Schnuck noh vöre, dä Lackzilinder höppten ihm op de Nas, un hä selvs kunnt sich noch grad en letzter Nut am Stätz vun singem Päd schnappe. Metlerwiel hatten sich de Schötze opgestallt, un met Zimmbumm kom dä Zog op Faht. Un och de Nohberschaff kom op Faht.

„Och seht ens, wie sich dat Knudelendres met Fähncher behangen hätt, un wie et met dem Brillantegeschräppels strunz. Dat sin all die drüg Brütcher, die et uns ärm Lück unger de Weß gedaut hätt. Su wäde uns Grosche am Finster erus geworfe. Och, se hät sich och op Hotfolee ondoleere loße. Wenn die blos wöß, wie se ussüht met der freche Schnauz dodrunger. Die kann doch ehr Heimat nit versteche, die nit. Un dä Nubbel, dä nennt sich jitz ne Künning. Allein die täggelige Bein sin jo ald en Majestätsbeleidigung. Vun dem Fierkeskopp ganit zo spreche. Ich ben jo nor ens gespannt, wie noh dä Däg die Deilcher un Korinthebrütcher noch jet mih opgeblose wäde, domet de Unkoste widder erenn kumme. Wat se su vollgefresse em Wage hange. Hoch – – jitz esu en 100 hungrige Flüh en dä Wagen eren, dat göv e Spillche.“ Doch die Zwei en dem Wage wosse vun nix. Se schwomme sillig en Schmalz un goder Botter un leeten ehr „königliches Lächeln“ links un rächs unger et Volk fleege. Weil et düster wood, mahten de Schötzen ehr Fackele an. An de Finstere brannte klein bungte Lämpcher, un die jet Extras dun wollte, die mahte Feuerwerk, brennende Rädder un Rakete.

Et wor ne schöne Anbleck, all die fruh Minsche em Leechterglanz. „Och, süch ens do, die Woosch hät sich och angestrengk", verwunderte sich der Nubbel, wie hä sohch, dat dä Gesell vum Pötz grad e groß Rad met bengalisch Leech anstechen dät. Doch hä kom nit derzo, wigger drüvver nohzodenke. Dat Rad zischte loss un kom an et drihe. Un dann gingk e Hexethiater los, dat et Künningspärchen daach, sie letz Minüttche wör gekumme. Päng – – päng – – schoss et jitz an däm Rad erus, eine Föörstrohl nohm andere, meddsen en der Zog erenn. Dat gov ne dolle Durchenein. Die Schötze leeten ehr Fackele falle un spritzten noh alle Sigge usenein. De Haupsaach kräge die zwei Stirksen vum Künningswage op et Fell gebrannt, un dat ungewennte Jöckpolver braht die ahl Veterane su en Raasch, dat se vören un hinger huh gingke. Esu lebendig woren die en dä letzte 20 Johr nit mih gewäs. Wie de Opprägung sich jet gelaht hatt, leefen de Sanitäter eröm un däten de Verwundete söke. Doch bedröv packten se ehr Kessche widder en, et wor rack keinem jet passeet. Doch wie sohch dat ärme Künningspaar us. Et Schwerseidene vun der Künnigin wor en de Nöht geplatz, un ehr schön Ondulation stippte wie ne weld gewode Stäuver noh alle Sigge. Däm Nubbel woren de Krageknöppcher vören un hinger höppe gegange, de Künningskett hatt sich an der Latän vum Wage fassgekrämp, un dä gode Hot wälzte sich durch de Sod. Et Trina schant wie en Rav, un et dorte jet, bis et Künningspaar widder künniglich hergereech wor. „Wadt Käälche, dat krigs do heimgezahlt", knotterte dä Nubbel. Doch dä Gesell saht: „Op der Verpackung stundt – bengalische Leechter." Do künnt hä doch nit för, wenn die em Geschäff do Raketen drenn gedonn hätte. Jitz kloppten de Musik noch eimol esu hatt op de decke Trumm, un we dä Zog am Zelt ankom, schung dat ganze Malörche vergesse. Et Künningspaar wood op singe Ihreplatz dirigeet un glich drop heelt och schon ne träneete Dauerredner en gesalvte Ansproch. „Hoch, Hoch un noch ens Hoch“, schreiten de Schötzebröder, un no moot der Künning jet sage. Däm Drickes komen ald widder decke Schweißdroppen op de Steen. Zwor hatt hä sich derheim jet zosamme gestoppelt, ävver ov hä dat he su erus kräg, dat wor en andere Frog. „No loß gon“, schnauten in et Trina an un trot im unger dem Desch su hatt op et Höhneraug, dat hä wie en Gummipopp huh flog. „Silentium! Der Künning will spreche“, reef och schon einer, der Drickes scheppte deef Odem, reef alle Engel em Himmel an un laht los: „Liebe Schützebrüder un -rinne! Mer sin hier zosamme versammelt – – von wege dem Schützefess. E Schützefess is eso eingerich, dat et eimol im Jahr is – – söns könnt et kein Päd aushalde. Dat Schützefess is eso, dat bei ihm der ganze Dag geschosse wird – – sowohl wie vor – – im besonderen – – nach dem Essen. In diesem Jahr hab ich meer der König erschosse. Un die alt histerische Krönungskett hängk mir am Hals eraus – – um der Hals erum. Un so wolle mer hoffe, dat in meine Regierung alles ohne Biesterei abgeht – – damit ich am Engk nit als König – – auch noch et Fierke abgebe muß. – – Un so fordere ich Sie auf – – Schützebrüder un -rinne! mit mir et Glas auf dem Boden zu leere un dabei aufzustoße: „Unse Schützeverein soll lebe Hoch! Hoch! Hoch!“ Un „Hoch et Künningspaar!“ brollten de Schötze, un de Nubbels worf der Kopp esu en der Nacke, dat de Naslöcher flach loge. No kom der Ihredanz för de Majestäte. Der Drickes schnappte sich sing Ihegespons un drihte met däm de eeschte

Rund. Et dorte nit lang, do hatt it im ald dreimol op de Flosse getrodde, zor Avwähßelung stundt hä dem Trina op de Föß. „Do Tronskann, kanns do met dinge kromm Knoche nit oppasse?“ zischelte de Künnigin wödig, dät dobei ävver su sößsoor lächele, wie se evvens kunnt. Och der Drickes zeigte si beß Geseech, kühmten ävver höösch: „Nä, nä, leever met nem Mählsack als met deer.“ Widder am Desch angekumme, daut hä dann de Nas deef en et Glas eren. Un lantsam kom et im vör, als wenn sich sing Schötzevasalle verdubbelen däte. Och dä Pötz hatt se setze un fing jitz an zo krakiele. „Dat eß Schwindel, alles Schwindel“, bröllten hä en der Saal erenn. „Wat, die Mopp Künning? Geschwindelt hätt hä!“ Die Nubbels flog wie vun der Nol gestoche huh. „Dat eß en Gemeinheit“, krihte se, „mer loße uns nit vun inne de Ihr avschnigge, Sie – Sie – – ganz gewöhnliche Schwademageaspirant.“ Die Woosch schreiten noch häder un schlog dobei met dä Fuus op dä Desch, dat de Gläser huh höppte. Et Trina leef rut an wie en Klatschrus un stuppte singe angesäuselte Künning en de Rebbe: „Sag, do sanften Heinerich, mögs do däm Kalvskopp ens nit bal zeige, wat de Botter koß?“ Dä Drickes sprattelte sich huh un schöckelte dann hin un her wie en Waggelent. „Dä kikippen ich ens evvens an de Sti-Stivvele erus“, huppten hä un blees de Backen op wie ne Pusaunenengel. Hä wadten der richtige Pendelschlag av un balangseete dann wie ne Seildänzer op die Woosch an. Doch Unglöck hät breit Föß. Ne Knubbel op dem Boddem braht sing Flasterbein durchenein, et Overdeil vun der Majestät kippte noh vöre, un mem Kopp zoeesch knallten de Mopp dä Woosch tireck op de Nabelgägend. Esu jet kann sugar ne däftige Metzgermeister nit verdrage, wie e Raseermetz klappte hä noh hinger zosamme un reß dä Nubbel, dä sich an im faßhalde woll, met an de Äd. Dobei knickte paar Bein vun de Desche av, als wören et Strichhölzer, un e Hämmche, wat dä Schnieder Latz grad su schön verkimmele wollt, kräg esu ne Schassewitt, dat et en huhem Boge durch de Looch segelte un drei Desche wigger en en Bowlekump klatschte. Wie de Saach ussohch, wor et kei Wunder, dat die Woosch dat Malör för ne tätliche Angreff oppackte, un schon wor de schönste Kamesölerei em Gang. Faßgekrämp schibbelten die zwei Schwergeweechte üvver der Boddem. De Fraulück woren am Krihe un et rappelte wie en nem explodeete Postelinglade. Et Trina woll singem Drickes helfe, doch et kunnt sich en däm Gemölsch nit zorääch finge. Endlich hatt et e Bein geschnapp un wie et dodran trook, hing och der Richtige dran. Ävver wie sohch dä ärme Künning us. Dä schöne Schötzerock hatt einen Ärmel verlore, vun dä Weß wore nor noch paar wieße Striefen do, us dem Schlips wor ne Schohnsreeme gewode, un vum Krage wor nor et Knopploch do. Sugar de Künningskett wor en Stöcker zerresse. Wo dä Nubbel söns der Kopp hatt, sohch mer jitz nor ne Sektköhler, dä im die rabiate Senk üvver dä Dätz gehauen hatt. Wie se noh viller Möh dat Döppen erav gebrasselt hatte, do sohch dä Knollekopp us wie en halvgeschrappte Karot.

„He sin mer unger de Säu gerode", wor alles, wat et Trina sage kunnt. Un dann trook et Künningspaar op heim an. Der Nubbel schmeete sich dä Kopp met Zinksalv en un leet sich aach Dag nit mih blecke. De Künnigin ävver stundt am andere Morge genau wie söns em Lade. Se hatt dobei en Schnüss opgesatz, dat mallig zo bang wor, och nor nohm Krönungsball zo froge.

Et eeschte Meddagesse

Vun dä Huhzicksreis zoröck, soß dat freschgebacke Ihepaar en singer neu Wonnung. Se wore noch genau su knatschverdötsch verleev wie am Huhzicksdag, der Pitter Kolvenbach un sing angetraut Evge. Dat gingk an einem Stöck met Leevge, Nutz un „ming Ein un Alles“ hin un her. Kein Wölkche zeigten sich am rusarude Ihehimmel.

Morge wööd no widder dä gewöhnlige Alldag anfange. Dä Pitter moot sie Montörwöpche antrecke, un et Evge woll sich als Huusfrau presenteere. „Nützge, wat koche meer dann morge?“ frogte met Laache dä üvvermödige Prinzgemahl. Als wann et garnix wör, kom glich de Antwoot zoröck: „Zoeesch gitt et Königinsuppe, donoh Wiener Schnitzel met Pomme de frieds un Schloot, un zom Dessert maache ich villeich en Kaltschale met Erbele.“ Däm junge Ihemann blevv vör Verwunderung de Muul opston. Op en däftige Aähzezupp hatt hä sich gefaß gemaht. Dat ävver si Schätzge nevve singer Büroarbeit esu vill vun d'r Kocherei geleet hatt, dat hatt hä nit erwadt. Verstolle äugten hä vun der Sick op singe Hätzensstän, do kunnt hä jo öntlich stolz drop sin. Hä spoot ald e angenehm Geföhl em Mage, wann hä an dat Menü daach.

Dä eeschte Arbeitsdag wor am Engk, un jihlig schrömten dä Pitter op heim an. Dat Praachesse, wat in derheim erwaden dät, stoch im en der Nas, un hä meinten ald die knappige Pommfrieds zweschen de Zäng zo spöre.

Su kom hä an die Eck vun dä Stroß, wo hä wonnen dät. Ävver wat paaschten sich do vör däm Huus esuvill Minsche? Jitz sohch hä och de Feuerwehr. Vun selvs gingk singe Bleck noh der drette Etasch, wo hä hoffte, do dat leeve Köppche vun singem Goldengel zo sinn. Doch nix vun däm, nor decke Schwadem trook an dä Finster eruus. Do packten in de Angs, un wie ne Stafetteläufer jöckten hä met singer Aktetäsch de Trapp erop. En Schweiß gebad kom hä bovven an un sohch noch grad d'r letzte Feuerwehrmann an singer Wonnung erus kumme. En dä Köch fungk hä dann sing Turteltäubche en nem wöste Durchenein. Et hatt e Geseech wie ne angebleichte Neger, un et jöckte mem Bessem eröm, als hätt et Akkod. Met nem Schwall vun Wöder feel et glich üvver singe Männi her, dä sich gar kein Bild dovun maache kunnt, dat dat nor em Häd gebrannt hatt. Doför brooch mer doch kein Feuerwehr. „Ja stell deer vör", belehten in si Fräuche, „dä Feuerwehrmann hät gesaht, ich soll nökstens paar Klütte winniger op d'r Ovve dun. Dann künnt die Flamm och nit en dä Kessel met Pommfrieds erennschlage. Dovun hätten se em Kochboch och jet schrieve künne. Esu e hinderlestig Esse maache ich nit noch ens." „O jömmich nä, die schön Pommfrieds", saht dä Pitter stell för sich.

Singe hungrige Mage rumorte no dubbelt, un doröm frogten hä:

„Häß do dann dat Schnitzel fädig, ich han allerhand Schleß." „O dat Schnitzel eß meer prima gerode", antwode voll Stolz et Evge, „et wor esu schön knusperig, un et hatt ne richtige goldige Schimmer." „Et wor un et hatt? Wie soll ich dat verston?" kom et däm geplogte Männi vun de Leppe. „Ja leev Männche", bäbbelten it opgedriht wigger, „wie dat esu brannt, do han ich dat Schnitzel en dä Ovve geschmesse, domet et nit noch mih Unglöck göv."

Dat wor för dä ärme Kääl ne öntlige Schlag en et Kuntor. Doch weil singe Mage jitz bal vör Kohldamp der Kuckelebaum schlog, kühmten hä ganz ergevve: „Nojo, dann gevv meer ald jet Schloot." „Och beste Hätzensjung", piepschte do dat Nützge, „do muß meer nit kott sin, ävver wie dat esu am brenne wor, do han ich an dat Schloot üvverhaup nit mih gedaach, un do hät dat zo lang gekoch un eß ganz zosamme gefalle." Däm Pitter komen de Schweißdroppen op de Steen, un hä dät nor noch sage: „Dann schepp meer winnigstens ne Teller Zupp us, domet ich nit ömfalle."

„Zupp?", reef do verwundert et Evge, „ja meins do dann, ich hätt bei däm Brand ganix gedon, met dä Zupp han ich doch gelösch."

För nohm Dessert zo froge, do wor dä Pitter zo bang för.

Der Niklos bei d'r Familje Quanz

Jetz woren et nor noch zwei Dag bis Niklos, un de Quanze woßte noch nit, wer der Hellige Mann sollt maache.

Dä Quanzen Henn, der hellige Mann vum vörige Johr, hatt der Schnuppe un wor esu heiser, als hätt hä grad Fastelovend hinger sich. Beim Ohm Tünn woß mer nit rääch, ov hä an dem Ovend nit blo wor, un dann kräg hä zo off ne falsche Zungeschlag. Et blevv nor noch dä Ohm Anold, un grad dä woll nit. Hä hatt et richtige Fazung för die Roll. 1,85 huh, un en Hängche hatt dä, e Hängche, wenn dä dat op en Appeltaat laht, dann kunns do froge, wo eß se.

De Quanze Mamm schwadte sich bal de Muul fusselig, öm in eröm zo krige, un de Tant Nett hing im der ganzen Dag am Fell. Se woll doch dat schöne Gedeech, wat se gemaht hatt, an der Hellige Mann bränge. Ävver dä Anold wor zieh. „Ich, Hellige Mann?“ saht hä. „Nä, noch eher gonn ich am hellen Dag nor em Hemb un mem Zilinder üvver de Huhstroß.“ Dä ärmen Höösch. Hä kannt noch nit de Wieverleß. Se satzten im en got Fläsch Kognak vör de Nas, dä Anold nippte un nippte, un kräg ald immer widder engeschott. Un bal hatten se in em Sack. Eesch am andere Morge dämmerte et däm Anold, wat hä gemaht hatt, wie dat Nett met singem Gedeech eran gedanz kom, domet hä dat uswendig lihre sollt. Do sohch hä en, et gov kei zoröck mih, un glich fing och ald de Instruktionsstund an. Wör hä bloß nit esu schwer vun Begreff gewäs. Dat ärm Nett reß sich vör Verzwieflung bal de Pürk us, su schmeß hä die Wööt vun dem Gedeech durchenein. Dä ganzen Dag en jeder frei Minutt mummelten dä Anold an dem Gedeech eröm. Hä hatt dodrüvver sugar et Randevous met singem Annche verschwitz, un wie hä no en halv Stund zo spät angedötz kom un dat in frogte, wo hä jetz eesch herköm, do kunnt hä nor noch sage: „Vom Himmel komm ich gezogen."

Bei Quanze wor derwiel en große Veränderung vörgegange. Dä Hellige Mann wor en Sich, hä kom bestemmp. Die sechs klein Quänzcher, die söns em Huus eröm roste, als wenn se der Deuvel em Liev hätte, die woren su brav wie de Engelcher. Et woodte kein Näl mih en et Gebünn geklopp, se däten de Tapet nit mih met Röbekruck bemole, et kom nit alle Augenblecks einer heim met ner Bühl am Kopp ov de Botz zerresse. De Dürre woodte ganz höösch zogemaht, un de Trappe ging et Fößge för Fößge erav. Dat Jüppche, dat söns nie Schavue mooch, würgten die jetz erav, dat im bal de Auge vör dem Kopp stundte. Un et Schängche, dä söns sämpliche Botterramme usfransele dät, frogte sugar, ov dann gar kein Kööschger mih do wöre. Dä Hungk Möpp, dä immer ganz verstoche unger dem Kanapee log, stolzeete jetz unscheneet durch de Stuvv un wunderte sich, dat in keiner am Stätz trecken dät. Un wie gän hätten se all dran getrocke. De Quanzemamm hatt zor Zick einen Ärm zevill. Et wor ävver och gar keiner do, dä se kamesöle moot.

Der Niklosovend wor do. Em Schlofzemmer stundt dä Anold un wood för singen Optrett parat gemaht. Zoeesch lahten se im e groß Bettlaken öm un bungen dat Ganze öm der Buch eröm met nem

Gerößstreck zosamme. Öm et Kenn bastelten se im dä ale Familjebaat, wo ald schwer de Motte drenn wore. Op de Augebraue klävte se im met Röbekruck klein Böschelcher met Watt. Als Pörk hatten se im vun Wattezibbele ne Kranz zosamme fisternöllt, un wie dä Anold dä jitz om Kopp hatt, do sohch hä us, wie der Vater Rhein, dem et Geheens engefrore eß. Doch die Mötz dodrop braht alles widder en de Reih. De Föß moot hä en e paar große Holzklumpe stoppe. Dann noch e groß Pappdeckelsscheld met nem golde Stän op de Bruß, dä Stab en de Hand, un der Hellige Mann wor fädig.

Derwiel stundt dä Quanze Tünn nevven im un schott im us der Kognakfläsch Mot en. „Nor fresch drop loß bubbele“, saht hä, „nit bang sin un vergeß mer nit, dat Schängche en der Sack zo stoppe.“ „Sprech noch ens flöck et Gedeech“, beddelte et Nettche. Un der Anold raspelte zum 1000ste mol erav:

Vom Himmel komm ich gezogen,
die Kinder zu beschenken.
Wer bös ist und verlogen,
den werd ich mit Hieben bedenken.

„Gott sei Dank, et klapp“, saht et Nett. „Loß gonn. Un eh dat do erenn geis, mähs do e beßge Krach.“ Un der Hellige Mann maht Krach. Bis an de Dör hatt hä en dä Klumpe bal dreimol der Hals zerbroche, su dat de Familje Quanz, die en der Köch deech gedrängk öm der Desch eröm soß, dutverschreck zosamme zuckte. Drop bummste hä vör de Dör, dat beinöhks de Füllung erus flog, klinkten op, un dann stundt hä do en singer ganze Herrlichkeit. „Zoeesch et Gedeech“, daach der Anold un woll grad esu schön anfange, do sohch hä op eimol all die Auge op sich gereech. Hä wor su verbasert, dat hä nit mih Kies sage kunnt. Un do stundt et Nett, maht de Muul op un zo wie ne Schellfesch un lispelte: „Vom, vom“, un zeigten dobei met der Hand nohm Himmel. Do kom hä widder zo sich. Dat Gedeech. Ävver wat wor jitz? Die Wöder, die hatt hä, ävver wo gehooten se hin? „Stänegranatendonnerkiel! die verdammte Fraulück!“ Ävver wie hatt dä Tünn gesaht: „Fresch drop loß bubbele.“ Un schon laht hä loß:

Vom Zog komm ich gehimmelt,
die Kinder zu verschenken,
die bös verbogen sind,
die Hippen werd ich schwenken.
Aus!

Däm Nett feel vör Schreck der Brell vun der Nas, un dat altdeutsch Knützge vun singer Frisur stallt sich op Sturm. De Quanze Mamm dät sich för Alteration vören un hinger sähne, un nor der Tünn met singem gode Gemöt saht:

„Dat hät hä fein gemaht.“

Doch dä Hellige Mann wor jitz en Faht. „Sin die Kinder brav gewesen?“ donnerten hä, „un wer muß hier kamesölt werden?“ Dobei talpten hä op die Deschgesellschaff an, schnappten sich dat Jüppche, wo hä ald lang ne Peck drop hatt, un kloppten däm bal der Boddem us der Botz, nor, domet hä einswiele jet zo dun hatt. Dobei brollt hä: „Wills do noch emal deinem Ohm Anold Jückpolver in der Krage dun? Wills do noch emal deine liebe Ohm Anold Blootwoosch schänge? Wat, do Saujung!” Un dat Jüppche jömerte un schreite, un reff sich sing Hinderdeil. Do kräg dä Hellige Mann ne Knupp vun links, dä kom vum Nettche, un dat tuschelte: „Anold, Anold, do frißjo dä ganze Baat." Un dann kräg hä ne Stupp vun rächs, do ranzte in de Quanze Mamm an: „Do beß wal verdötsch, do schleis mer jo ming Puute kapott." Un laut saht se: „Heilige Mann, nu is et genug, die Kinder wolle jitz auch all brav sein." „Ja, liebe Heilige Mann, mir wolle all brav sein", schreiten dat ganze Kroppzeug. „Naja" säht der Niklos, „ich will schon äkersch nit eso sein. Un hier habe ich euch auch wat mit gebrach." Un dobei schott hä dä ganze Noßsack met Nöß, Printe, Spekulatius un Äppel op eimol op der Desch. Dä Reß met de Grümmele kräg de Tant Billa üvver dä fresch ondoleete Bubikopp. No wood et och lantsam Zick, dat dä hellige Mann erus kom. Sing Augebraue fingen an ze rötsche, un dä Kognak wor och nit vun Pappendeckel gewäs. Doch zoeesch noch flöck et Schängche en der Sack erenn. Wie verschwomme sohch hä dä kleine, griese Spetzboov ungen am Desch setze. Doch dä hatt Lünt geroche. Bis op drei Schrett leet hä dä Niklos eran kumme, luppten dann sing Hinderdeil, un ruck zuck soß hä unger dem Desch. Nevven im dä Opa kunnt in nit mih faßhalde. Un dä Anold, dä sohch jetz nor jet Grieses, un woll domet am Sack erenn. Doch dat wehrte sich met Ärm un Bein un fuchtelte im wie weld öm de Nas eröm. Do wood der Niklos falsch. „Wat", schreiten hä, „do griese Räuber wells nit. Ich wäde deer helfe, brav gäge große Lück zo sin." Hä hoot un sohch ganit, dat hä dä ärmen Ühm geschnapp hatt un schwenkten dä wie ne Spölsplaggen hin un her. Noch eh dat einer jet för dä Opa dun kunnt, dät dä Anold ne Bröll, als wenn hä sich op en glöndige Ovvensplaat gesatz hätte. We ne geölten Bletz wor dä Möpp unger dem Ovve erusgeschosse un hatt dem Hellige Mann de Zinken en de Hinderfront geschlage, dat dä de Engelcher em Himmel fläute hoot. Dä kleine Hungsknoche reß un beß, als wöll hä dä lange Kähl op eimol erav schlecke. Dä Anold kannt sich selvs nit mih. Wie ne Rachegott fägte hä däm Höllehungk noh, schlog mem Stab dernoh, däm Nett op et Höhneraug. Durch die Klumpe kom hä widder en et stolpere un kladeradatsch hung hä met der Nas em Kollekaste. Dä Hot rollte en de Stuvv un wood vum Möpp en Stöcke geresse. Opspringe, däm Hungk noh, wor eins. Un dann kom et Finale. Dat Lake hatt sich am Ovvefoß gefange, ne Ruck, un do stundt, Ohm Anold, Hellige Mann a.D. Ne Anbleck – schaurig schön. Op däm knallrude Kopp wor dä Kranz met dä Wattezibbele op de Nas gerötsch. Unger däm Mottebaat kom et Ungerjäckche erus, dat Pappdeckelscheld hatt sich eröm gedriht, un mer kunnt lese: „Bims die Händ mit Abrador." Dann kom däm Anold sing Boxerbötzche, dernoh en ganze Zick ganix mih, un unge sohch mer die mächtige Klumpe. Zoeesch hatt de Quanze Mamm nit Häng genog för dä Quös de Auge zozohalde. Et Nett schreite noh Kölsch Wasser, un selvs dä Tünn moot sich ens stärke.

Un der Anold! Wie vum Deuvel gejag sausten hä an der Köch erus. Dä Möpp wie su en Geffnodel hingerdrenn.

Dä Anold eß söns e genöglich Gemöt, mer kann met im vun allem spreche, nor nit vum Hellige Mann.

De Knallbotz

Dat hatt dä Köbes ens widder fing geknuv. Dä Finanzplan för Fastelovend wor secher opgestallt. Wat hatt hä sich et Johr üvver geöschelt, ov hä och de Penninge för si Fastelovendswöbche zosammekratze künnt. Do wor im 14 Dag vörher dä Gedanke gekumme, ov hä de ganze Verwandtschaff nit ens em einzelne för ne kleine Zoschoß anpumpe sollt. Un dat hatt hä gedon un dobei Groß, Ühm, Tant, Jot un wat weiß ich, su parat gemaht, dat jederein däm ärme Jung gän jet zodäuen dät.

No schrömten dä Cowboy Köbes stolz un genöglich üvver dä Nümaat. Met de Bein schlodderten hä en beßche en dä Gägend eröm, wie et sich för ne echte Wildwessmann gehööt, dä si Levve lang nor om Päd gehange hät. Ein Hand hatt hä en d'r Täsch, de andere am Colt, mer säht och Revolver doför. Et wor jo müggelich, dat ne Poßräuber us d'r Scheldergass eran gefäg kom, un dann moot hä glich losballere künne. De Munition wööd im jo su flöck nit usgon, denn die Täsch hinger en singer Trapperbotz wor bis bovvenan vollgestopp met Knallpapeer, Knallhöötche und Sibbeknäller. Doch keine Räuber leet sich blecke. „No jo, well Boy, nix zo dun", saht hä för sich selvs un daut sich, för domet zo strunze, en Pief zweschen de Zäng. Hä nohm sugar die ein Hand vun dä Kanon, öm singe Nasewärmer unger Damp zo setze.

Do kom vun d'r Krebsgass ne kräftige Poosch eran gedötz. Dä wor akkurat esu maskeet wie dä Köbes, nor hatt hä noch ne blänkige Stän op der Bruß. Dä Stän zeigten an, dat hä sich als Sheriff fohlt, dat sin de Schutzlück em welde Weste. Geftig flimmerte dä Stän däm Köbes en de Auge un met ner Schnüss, wo mer e Milchkännche drop setze kunnt, woll hä sich an dä Konkurrenz vörbei paasche. Do reef dä: „Holläh! Little man, häß do och unge de Botz zo, dat do su schmors?", un dobei grinsten hä met singer nixnötzige Visasch erüvver. Esujet darf mer nem richtige Wildwester nit sage, un doröm dät dä Köbes dat „Greenhorn" jitz met glöndige un iesige Blecke stöckwies usenander nemme. Wie hä su die freche Krat jet nöhter beloorte, kom im die doch bekannt vör. Un wann hä sich dä schwatze Schnäuzer fott daach, dann moot dat doch dä Breuers Klotz sin, un dä wor et och. Su ne Krommstivvel, do woll dä sich üvver in, dä beste Mann vum Mississippi, löstig maache. Däm woll hä ävver zeige, wat de Botter koß. Wenn dä och zwei Johr älder wor un ne halve Kopp größer, doför hatt hä selvs Kurasch för drei. „Do Schlabberteut, do Polvernas!" platzten hä erus. „Han se dich bei dä Waach- un Schleeßgesellschaff ankascheet udder läufs do Reklame för Zuppewörfel. Pass op, dat do met dingem Pappendeckelsrevolver nit noh vöre kipps, do ärmsillige Gadezwerg!" Dat hatt hä erus, jitz wor et im jet besser. Dä Gadezwerg do drüvve wor su verplex, dat hä puuf-paaf ston blevv un de Auge verdrihte wie en opgestöörte Ül. Esu en Föttche-an-der-Äd! Do reskeete dä gägen in opzotrumpe? Dat kunnt nor met ner öntlige Kamesölerei us der Welt geschaff wäde, un schon logen se sich en de Hore. Die Schlapphöt flogen en de Sod, un et hagelte Püff un Knuuze. Keiner leet däm Andere jet noh, se woren jo allebeids „hade Kääls“. Do dät och nix dran, dat dä Köbes bal e bloo Aug hatt, un dat däm Klotz de Nas bloden dät. Op eimol hatt dä Köbes däm Sheriff singe Stän gepack, reß in av un schmeß in en en Sodesenk. Dat wor mih, wie dä Klotz verdrage kunnt. En einer Raasch hatt hä sich dä Mutter ehr Sönche gepack, klemmten in zweschen de Bein un trommelte im met beidse Füüs ne Radetzkimarsch op dä Botzeboddem, dat de Nöht platzte. Dat nit genog, sugar mem Revolver kloppten dä weldgewode Wessmann drop. Et Engk wor noch nit avzosinn, do gov et op eimol ne Föörstrohl un et dät ne Knall, als wann der Bletz engeschlagen hätt. Dä Klotz hatt met däm Revolverhämmerche och op die vollgestoppte Botzetäsch geknallt, un dat kunnt dat Polver nit verdrage un wor en de Luff gefloge. Wie de Fedderbäll woren die Kampfhähn usenander gespritz un stundte jitz do un wore met Ärm un Bein am ziddere. Et dorte jet, bis se ehr Geheens widder su ganz zosamme hatte. Beim Klotz leuchten us däm schwatze Geseech nor die angebrannte Nas un de Muul erus, dä Schnäuzer segelte bovven öm ne Latänepol eröm. Dä Köbes kunnt ganit sinn, wie schlemm et hinger bei im ussohch, doch fohlt hä jitz die Ping un sprung eröm, dat de weldeste Kusake nit metgekumme wöre.

Wie ne Dokter dä Köbes bepinselt un bepflastert hatt, do meinten hä, för in wör et för Fastelovend gedon. Doch dann hät sich dä angebrannte Cowboy e wieß Lake ömgehange un eß als Beduine losgehöpp. Nor kunnt hä sich nit setze. Die Knallbotz hät hä nie vergesse.

Dä Polizeihungk

De Pötze hatten eine ze vill. Ehren Hungk, de Fanny, hatt widder ens för Nohwochs gesorg. Drei vun dä veer Sprösslinge hatten se glöcklich an der Mann gebraht, ävver för dä letzte woll sich keine Avnemmer finge. Dat wor secher doröm, weil hä ussohch, we en Kreuzung zweschen ner Ül un nem Knäuel Gaan. Su wollten se in kooterhand versäufe. Do kom em letzte Momang dä Knaggemanns Hein derzwesche. „Ömesöns kann mer in ald ens metnemme", daach hä, klemmten dat Püngelche Woll unger d'r Ärm un trook av.

Dä Hein wor ne Stropp vun elf Johr un hoot de Flüh hoste. Hä kannt zo jeder Zick de Altrüscherpriese. Ald am zwette Dag hatt hä dat Deer däm Klenze Tünn, nem Daglühner vum Kromme Böchel, för zwei Mark un fuffzig angehange. Wat hä dobei däm Tünn nit all verzallt hät, vun nem Amerikaner gekräge, Stammbaum bis zom Künning Herodes un su wigger, hä hatt op jeden Fall dä Hungk verklopp. Un dä Tünn fraut sich, dat hä su e Schnäppche gemaht hatt.

Wie hä derheim dä Rassehungk uspacken dät, kräg sing Dres bal ne Schlag. „Häste se noch all em Koffer?" jappten et, „esu e Gebrötsch brängs do he met. Ich han doch he keine Zollonische Gade." Dä Tünn hatt sing leev Laß, öm de richtige Wöder zo finge. Dat hä för dä wölle Möpp och noch jet bezahlt hatt, reskeeten hä sich ald ganit zo sage. Hä meinte: „Do weesch schon sinn, wat dat för e leev Dingen eß, do wäde meer noch vill Spass dran han.“ Et sohch och noh Spass us, wie derwiel dä Knubbel üvver dä Desch waggelte, zoeesch de Nas en et Kruckdöppe stoppte un op eimol en dä Kump met Klatschkies soß. Dä Tünn sohch, wie singem Dres de Auge lantsam vör der Kopp kome. Dann gingk singe Bleck nohm Desch, un hä hatt grad noch Zick, öm die Kump un dat wat drenn wor, vör Mod un Dutschlag zo rette. Wie hä noch su stundt un woß nit, wat hä maache sollt, flog de Dör op, un ehr Kinder, et Marieche un et Schängche, komen erenn gestürmp. Dat Marieche, dä Hungk sinn, schnappe un met Röbekruck un Klatschkies an et Hätz dröcke, wor eins. „Och wie leev, wie leev“, krihten et ein üvver et andere Mol un knuutschte dat Gemölsch av, dat Kies un Kruck sich bal üvverdragen hatte. Dat Schängche woll och jet vun däm Rollmops han un versökte durch Trecken am Stätz sing Anrääch durchzosetze. Dat dä Möpp dodurch nit grad wie en Nachtigall sung, kann mer sich denke. Angegreffe soß et Dres om Stohl un wor noh Looch am schnappe. Doch dann hatt et met nem Wupp dat Unglöcksdeer geschnapp, öm et vör de Dör zo schmieße. Ävver su wick kom et nit, denn dat Gebröll vun singe Puute braht de ganze Stroß op de Bein. Met Knubbele stundten se vör däm Huus un schanten üvver die Ravemoder. Dat et nor öm ne Hungk gingk, kunnt jo keiner wesse. Un öm sing zwei Lautsprecher avzostelle, wat blevv däm Dres andersch üvvrig, et saht zo allem Jo un Amen.

Wer en’ner Familje läv, muß natörlich och ne Namen han. Weil mer no dat Amerikanische för jet besondersch ansohch, wood dat Deer „Old Boy vum

Kromme Böchel“ benannt. Mer darf wal sage, dat hä sie Föderche mooch. Noh ner Woch hatt hä su nevvebei en Bettvörlag un ne Pantuffel gefresse. Met singe Visitekaate wor hä zoeesch ärg freigebig, ävver die Liebhaberei hatt im et Dres flöck usgedrevve. Wie hä no eran wochs, kräg hä och Metall en de Stemm, un wann hä bei Vollmond sing Serenade singen dät, sohch mer de Lück em Huus üvverall nohm Aptekerschränkche husche, för Schlofpelle zo nemme. Noh wat för ner Zoot Hungk hä sich maachen dät, kunnt mer noch nit sage, för dä Tünn gov et bestemp ne Schöferhungk. Ävver singe Schwoger Bätram, dä e besge Hungksverstand hatt, säht, dat köm bei däm verdötschte Kopp ald ganit en Frog, un dä Stätz stündt och vill zo vill noh bovve. „Met däm Stätz, dat wäde mer wal flöck krige“, daach dä Tünn un bung däm Boy en halvpündig Geweech an dä Stätz, domet hä sich gewenne sollt, dä noh unge zo drage. Do wollt et et Unglöck, dat de Groß ehrem leeve Hüngche de Knochen vun nem Hämmche metbrängen dät. Vör Freud schlog dä Old Boy mem Stätz ne Wirbel, un am Gashäd wor an fünf Stellen de Emaille av. Je älder hä woot, öm su mih Eigeschafte komen erus. Et gov nix, wo hä nit sing Nas drenn steche moot. Eines Dags wor en der Köch e groß Geschrei, de Milchkann wor lebendig wode un jöckte wie doll eröm. Wie se noh viller Möh däm Boy singe Kopp an däm Döppen erus gebrasselt hatte, do log dä zoeesch ens en halve Stund om Sofa un verdrihte de Augen, als wör en dä Kann anstatt Milch Schabau drenn gewäs. De meeschte Zick log hä unger dem Ovve, do dät och nix dran, dat hä sich ens fies et Fell verbrannt hatt. Kom ne Fremde am Zemmer erenn, dann blinzelten hä dä met singe schäl Auge ganz unschöldig an. Drenne durf sich dä Besök frei bewäge, doch subal hä

Anstalte maht för erus zo gon, wor et passeet. Met krommem Puckel kom dä Boy unger däm Ovve erus gefäg un dat met nem Bröll, dä jederein stief ston leet. Su hatt dä Bäckermeister Deckopp singe Liehrjung noh Klenze gescheck, för froge zo loße, wann se endlich gefälligs die Brütcher bezahlen däte, die ald drei Mond op d'r Latz stündte. Dä Jung kom an d'r Stuvv erenn, fung ävver keiner vör, weil et Dres ens grad nohbere wor. Genöglich woll hä widder erus dötze, do hatt in ävver och ald dä Boy faßgenält. Hä reskeete kaum Luff zo schnappe. Däm Meister, dä en lang Zick ömesöns op dä Poosch gewadt hatt, kom dat doch e besge spanisch vör, un hä maht sich selvs op de Söck. Do sohch hä dä Jung bei Klenze hinger d'r Dör ston, un wödig wie hä wor, woll hä in sich glich schnappe. Un schon hatt dä Hungk ne Lappe vun däm Deckopp singer Botz avgeresse. Wat woll hä maache, zosamme met singem Liehrjung: Lebende Bilder. Wie et Dres endlich noh ner halv Stund an Land kom, wor et zoeesch verplex, doch dann säht et sößsoor: „Och, der Här Brutkoche, wat verschaff meer dann die selde Ihr?" Die Knudel platzte bal vör Wot. „Ihr? Wat üch de Ihr gitt?" strudelten hä. „Ich wollt üch nor noch nohdräglich wünsche, dat üch die Brütcher, die ehr nit bezahlt hatt, wören em Hals steche blevve." Un dann, subal de Bahn frei wor, schoß hä wie ne Stuss an dä Döör erus. Och et Krönzels Züff, vör däm singe gefährlige Schnüss et ganze Veedel Strangk hatt, wor ens beim Boy allein zo Gaß. Bei däm hätt dä Belagerungszostand zwei Stund gedort, un it hätt dernoh drei Dag em Bett geläge, bis dat dä Zidder us de Bein fott war. Däm Dres ävver hät et sage lohse: „Su lang wie et esu en Bies vun nem Hungk em Dingen hätt, wööd et im de Bud nit mih betredde." Woröm dä Boy an däm Dag en

Blootwoosch extra spendeet kräg, dat blevv im selvs e Rötsel.

De Radfahrer hatte bei däm Boy nix zo laache. Hä fägte inne noh, bis dat im de Zung am Hals erus hing, und durch si verdötsch Gebröll wor ald mäncher en de Sod gefloge. Et Schängche meinte, dodran künnt mer sinn, dat et ne richtige Polizeihungk wör, dä wöll nor nohsinn, ov dat Rad och nit gestolle wör.

No trot bei Klenze jet en, wat de ganze Familje durchenein braht. Däm Dres si Pottemanee wor fott. Et ganze Dinge wood op der Kopp gestallt, et wor nix zo finge. „Dann eß et gestolle", saht et Dres, „secher, wie ich mem Hungk op der Stroß wor." „Ävver wä eß dä Spetzbov?" frogten singe Mann, „wie krige meer dä eruus?"

„Ja künnt dat nit unse Boy maache?" meinten et Schängche. „Dä eß doch vun d'r Polizei." Dä Tünn äugten ens nohm Boy, dä in met singer Chinesefisasch ankniepen dät, un säht: „Versöke künnt mer et jo. Boy! Komm ens her! Zeig ens, wat do kanns." Un dann soß de ganze Familje öm dä Hungk eröm und dät däm dä Fall lang un breit usenein läge. Dä Tünn heel im sing eige Pottemanee vör de Nas, met nem Schwapp hatt dä Boy dat en d'r Muul. „Nit fresse", säht singe Lährer. „Söke! He – – Pot – te – ma – nee – – sö – ke." „Ich meine, hä stellt sich jet domm an", quängelte et Dres. „Dat kann mer nit sage", antwooten d'r Tünn, „jede Kriminalis hät sing eige Methode." Die Puute kroffen op alle Veeren üvver dä Boddem un schnüffelte, se wollten däm Boy zeige, wat hä zo dun hatt. Dä kniepte interesseet vun einem zum andere, als wöll hä sage: „Ich maache jede Blödsinn met." Dann fing hä och an zo schnuuve un blevv an d'r Döör ston, weil hä meinte, et gingk ob de Stroß. „Hä hät de Witterung en der Nas", versecherten d’r Tünn, un sing Dres saht opgeräg: „Dun in an de Ling, dat hä nit flutsche geit.“ Do kome Schrett de Trapp erav. „Ich well ens sinn, wie hä dodrop reageet“, saht d’r Tünn un maht höösch de Dör op. Wer kom, wor de Frau Röp, se hatt däm Boy ald mänche Knoche metgebraht, un dä Kriminalis dät jitz fründlich mem Stätz wibbele. „Die eß et nit“, flüsterte et Dres un et säht för de Röps fründlich goden Dag. Doch do kome widder Schrett, dat wor de Havermanns Knoll. Dä hatt noch gester Ovend däm Boy ne Trott gegevve, wovun dä noch jitz nit öntlich setze kunnt. Wödig fohr hä glich dä Knoll an de Bein, un däm sing Manchesterbotz wor de längste Zick ganz gewäs. Ne Modschandal gingk los, un et Dres brollt met däm Hungk öm de Wett. Et kunnt dä Kähl ald lang nit ligge, un för it wor dat dä Spetzbov, un dat gov it im och zo verston. Et Engk vum Leed, die Saach kom vör Gereech. Et kräg 20 Mark Geldstrof un moot och en neu Botz latze. Wie et derheim ankom, rannt et eesch ens vör Wot em Zemmer eröm, schant üvver Reechter un alles, wat dröm un dran wor un klatschten dobei de Saachen en de Ecke, dat et nor esu rappelte. Dobei wor im dä Huusschlössel hinger d’r Schrank gerode. Dä moot et natörlich widder han. Met vill Möh daut et dat schwere Möbelstöck jet av, un dä Schlössel feel erav. Ävver do plumste doch noch jet, un wat wor et – et Pottemanee. Dä Old Boy, dä sich bis jitz verstochen hatt, daach, do wör ne Knoche gefalle. Grad woll hä dä Fall ungersöke, do hatte se in och ald hinger mem Fell geschnapp. Esu ene Balg Wax wie jitz hatt hä en singem ganze Levve noch nit gekräge. Alle Knochen däten im wih, un wie et Schängche noh Hus kom, saht hä: „Oooch, süch ens do, jitz dräht hä dä Stätz genau wie ne Schöferhungk.“

Et Levve gingk wigger. De Häng deef en de Botzetäsch verstoche, dötzte dä Gelegenheitsarbeider Plöck bedröv de Poßstrohs erop. Üvvermorge dät sing Dochter herode, un derheim wadten de leddige Kasteroll noch immer op d'r Huhzicksbrode. Do sohch dä Plöck dä Old Boy. Wie de Huhzick gedon wor, däte sich de Gäß för die gode Opwadung bedanke, besondersch för dä schöne Kalvsbrode. Noch veezehn Dag dernoh hoot mer em Veedel vum Kromme Böchel dat Fläutche vum Tünn, dat nohm Old Boy reef. Ävver et Dres saht ein üvver et andere Mol: „Dä kütt nit mih widder, de Großstadt hät in verschlunge."

Der Husmaskenball

De Fastelovendswoch wor do un domet dä Dag, wo de Schlabbermanns ehre Husmaskenball avhalde däte. De Lück em Huus woren sich klor, dat se sich op jet gefaß maache kunnte, un hatten ald Watt un Schlofpelle parat lige. De Schlabbermanns hatten de Puuten bei der Tant ungergebraht. Wie dä Papp Tünn die bedoren dät, saht si Plünn: „Wat heisch dat? Die Tant soll doch fruh sin, dat die Quös ehrem niddrige Blotdruck jet op de Sprüng helfe." Et üvverflössige Möbelemang stundt ald drußen op Trapp un Floor, un met Luffschlange un Klosettpapeerrolle wor en verdötschte Dekoration dohin gezaubert. För ze müffele hatt et Plünn en ganze Bütt met Hirringsschloot parat gemaht, die jitz met nem döftige Brode op d'r Läuvetrapp stundt. Der Knasterkopps Köbes hatt dä Riehbrode als Beihölf eröm gescheck. Wie no der Tünn sing Nas jet ärg lang an däm Döppe erenn stippte, saht si Plünn: „Deer weed et wal zo lang, bis dat do der eeschte Probeer häß?" „Och nä, dat grad nit", meinten der Tünn genöglich, „ävver ich weiß et nit, dä Hungk muß doch och ne Kopp un ne Stäts gehatt han."

Jitz log et Plünn met singe 200 Pund en der Finster un spingste noh singe Feßgäß. Et wor als Funkemarieche maskeet. För der Funkedanz kunnt mer it jo nit gebruche, do wör bestemmp he un do der Boddem engekraach. Singe Mann hatt et sich einfacher gemaht. Hä hatt sich om Rögge unger dem Hemb en Ovvenspief faßgebunge, die im unge bis zom Röckstrangengk reckte un bovve ne halve Meter am Hemb erusstippte. E Scheld, wo drop stundt „Dauerbrenner“, zeigte an, wat gespillt wood. Dat Kostümche wor zwor jet unbequem, ävver dä Tünn meinte: „Et eß ävver och jet besonderes.“ Jitz hatt hä grad en Ankerche Beer angeschlage un probeete, ov et och nit nohm Faß schmecken dät. Do rubbelten et op eimol esu op der Trapp, dat im dä gode Drank en et verkehte Strössge kom. Am Bälke vun singem Hushär hoot hä dann, dat dä eeschte Gaß, der Dillendopps Dei, mit der decke Trumm de Trapp erav gekägelt wor. Zom Glöck hatt die Trumm nor paar Blötsche metgekräge. „Na, wie gefällt deer mih Wöbche?“ froggten dä Trummelemann stolz, wie hä bovven ankom, „wat meinste, wat ich ben?“ Dä Schlabbermann beloorte sich dat Pluutegestell, hä kunnt ävver nit dohinger kumme. Do meinten dä Dei: „Do Jeck, dat kanns do doch sinn, ich ben der lustige Vagabund“, un hauten dobei su hatt op die decke Trumm, dat däm Tünn d'r Brell vun der Nas rötschte. Glich kom et Schnokse Rös als et Elsa vun däm Lohengrin. Wer it en singem lange wieße Punjel sohch, kunnt begriefe, woröm sich dä Schwaneritter su flöck durch de Kood gemaht hatt. Als Präsentche braht et en Blos met selvsgebacke Knipplätzcher met. Dat Plünn moot glich ens probeere, doch wie et sich an dä Granitplätzcher ne Zant usgebessen hatt, saht der Tünn: „Ich dun se einswiele fott, villeich kann ich domet späder em Klosett d'r Boddem met plaate.“ Dä Röbstills Jupp hatt sich noh däm Rezepp „Aus Alt mach Neu“ einfach sing Pluute vun enne noh druße gedriht.

„Do hätts deer winnigstens ding verdrüchte Visasch opbügele künne", wor alles, wat et Plünn dozo sage kunnt. En e paar Lake, die dann am Zemmer erenkome, wor dä Allemanns Böll drenn. Hä saht, hä wör ne Wöstenscheich. Hä sohch ävver och wös us, drei Woche nit mih raseet un Geseech, Häng und Föhs klüttemeleet angestreche. Jitz gov et op der Trapp ald widder Krach. „Do Tronskann, kanns do nit oppasse?" klung et vun ungen erop, „jitz häß do meer met dinge Plattföß glöcklich de Fulang vun der Schlepp avgetrodde." „Dat eß et Züff", saht et Plünn, „dat woll met singem Dölmes als et ideale Bruckpaar kumme." Met Schänge kom dat Züff bovven an, un et schwenkte ne Blomestruß wie ne Bessem en d'r Gägend eröm. Dä knallrude Kopp soß op däm wieße Kleid wie en gebaschte Tomat op nem Schneimann. Hinger im, zwei Köpp kleiner, zeigten sich singe Neeres en nem grön angelaufe Schlepperock. Die avgeresse Fulang drog hä we en Serviett om Ärm. Met singem bedrövte Schnäuzer un dä Kullerauge sohch hä uus, wie ne Seelöv, dä anstatt saftige Fesch verdrüchte Kappesstrünk schlecke soll. Dä Schluß maht e Schusterjungepärche, dä Knasterkopps Köbes met singem Marie, un jitz wor och de hühkste Etasch em Huus gerammelt voll. Flöck wood no noch de Trapp för d'r öffentliche Verkehr gesperrt, mer woll jo nit gestööt wäde.

De decke Trumm kloppten zoeesch e Solo, wobei dä Tünn met paar Kleiderhoke op dä Ovvenspief d'r Tack schlog. Dat Gelog sung dann met, un mer wood derbei gewahr, wievill kölsche Leeder et gitt. Et eeschte Dänzche reskeeten dä Röbstills Jupp mem Plünn, un et dorte nit lang, do wor de schönste Rockrölzerei em Gang. Et Gebünn knackte en alle Foge un de Pannen om Daach paaschten sich dutverschreck an de Latze. Et Lohengrins Els wood vum Allemanns Böll durch de Gägend geschleif, un de Knasterkopps jöckten et mem Neeres, dat dä nit mih woß, ov hä üvverhaup noch Knoche hatt.

Bal wor de eeschte Paus fällig. Dä Jupp hatt als engefleischte Schrebergädener en große Fläsch met selvsgemahtem Johannesbeerwing metgebraht, un die sollt jitz Zaldat gemaht wäde. En Erwadung stundten se öm dä Wingbastler eröm, dä unbesorg an däm Stoppe fummelen dät. No muß wal däm Drank dat Schöddele nit bekumme sin. Mit nem Knall flog dä Stoppe an de Deck und hingerdrenn jitschten et met Düvelsgewalt. Bis op d'r letzte Droppe wor de Fläsch leddig, doför et Feß en Rut fädig. Wie dä Jupp sich dä klevverige Schleiver us de Auge gewäschen hatt, kannt hä dat Geläsch kaum noch widder. Us däm Wüstenscheich wor en Reklamefigor för Blotwoosch gewohde, de Frau Lohengrin sohch us, wie en dubbelte Portion Erdbeere mit Schlagsahne, un dä ideale Bräutigam dät sich der Schnäuzer usfringe. Zo goder Letz letschten och noch et Züff en dä Bröh us un soß do, wie et Schneewittche em Karotendöppe. Dat wor e Schänge, Krihen un Laache. Wie et Schlemmste vun Boddem un Pluute fottgeputz wor, dät sich d'r Mage melde. Hirringsschloot met Brode, dozo e Gläsche Kölsch, dat schmeckte wie Taat. Blos dä Pudding hat ne Beigeschmack. Et Plünn kunnt nit begriefe wovun, ävver dat woß och nor dä Tünn, däm druußen op d'r Läuvetrapp dat Döppe met Mostert drenngekipp wor. Bal hatte se all de Rebbe voll, dä Ball kunnt wigger gon. Op eimol reef dä Böll: „Su, jitz maache mer ne Zog." Der Dei moot sich met dä decke Trumm an de Spetz setze un schlog drop ne treue Husar zosamme, dä sich gewäschen hatt. „Hei, Hei, Hei!" danzten die Andere hingerdrenn, dä Kalk riselte vun de Wäng. De Strophe vum treue Husar nohme gar kein Engk. Et eß jo klor, dat su en Hopserei wärm mäht. Ävver wie kunnt et su wick kumme, dat bovven an dä Ovvenspief beim Tünn richtige Qualm erus kom. Verwundert loorten die Andere däm Spillche zo, ävver nit lang. Wie e Känguruh maht dä Tünn ne Satz en de Stuvv erenn un brollt: „Hölp! Ich brenne, Feuerwehr!“ Dann drihten hä sich we ne weldgewohde Hüldopp öm sich selvs un röddelte dobei vergebens hinger an singem Äscheschoß. Dä Böll wor d’r Eeschte, dä en däm Durchenein anpacken dät. Em Rupp hatt hä sich ne Emmer met Putzwasser geschnapp un schott däm durchgebrannte Dauerbrenner de Bröh bovven am Rühr erenn. Beim Tünn rähnten et us alle Knopplöcher, ävver dä Brand wor gelösch. Wie hä drop alles usenein monteet hatt, fungk hä unge paar verbrannte Zigarettekippe. Wer hat im die wal bovven erenn geschmesse? Hä dät noch grad singe Hembdeschleppe beloore, do stooch vun druße ne Feuerwehrmann dä Kopp am Finster erenn. „Wat, sitt ehr ald do?“ frogten dä Dei verwundert, un et Plünn saht: „Et eß nit mih nüdig, mer han ald gelösch.“ „Wat heisch he gelösch?“ saht dä Schlapphelm, „do han meer nix met zo krige. Ävver ein Frog, sitt ehr verdötsch gewohde? Wat maht ehr he?” „Wat meer he maache?“, saht et Plünn schnippich, „dat seht ehr doch, meer feere he unse Huusball.“ „Huusball“, jappten dä Spritzemann, „Huusball? Un doför han meer unge de Stroß gesperrt, weil ein Pann noh der andere et Daach erav gerötsch kütt. Un ich gläuve, sugar dä Givvel hät ne Basch gekräge.“ No kom och d’r Huushär un schant wie en Rav. Do schreiten et Plünn wödig: „Do bezahlt mer no jede Mond treu un brav sing 25 Mark Meet un kann noch nit ens ne anständige Huusmaskenball avhalde? Dat maache meer nit mih met, noh Fastelovend weed usgetrocke. Nöhks Johr feere meer em Underhuus."

Et dorte noch paar Stund, bis dat Schmölzge met däm Avgesang: „Un et hätt noch immer got gegange", de Trapp erav trook.

Fresch lackeet un tapezeet

De Frau Babbelmann kunnt sich en ehrer Wonnung nit mih sinn. De Köch moot unbedingk gestreche wäde, un et Schlofzemmer hatt en neu Tapet nüdig. Ävver bei ehrem kniestige Ehegespons, dem Babbelmanns Tünn, wor nix zo maache. Hä meint, dat söhch doch ganz got us, wann de Köch su en beßge brung angeschmoot wör, un et Schlofzemmer, do wör mer doch nor et Naaks dren un dann söhch mer doch die verschosse Tapet nit. Wann hä sich met singem Griet erömfechten dät, dann stallt hä sich an, wie ene wödige Spitz, däm mer ene Knoche avnemme well. Ävver op eimol wor et Griet dä Dispetack satt. Wie der Tünn eines Dags möd gearbeid heimkom, do reef im et Griet och ald zo: „Dag, Männche! Eß got, dat do küß. Ich han der Meister Kleisterpott he, dä well ens wägen dä Zemmere sinn, die meer jo ald lang maache loße wollte."

Dat Männche maht e Geseech, als wenn im ene lebendige Maikevver et Strößge eravgerötsch wör, un si fussig Spetzbätche bibberte vör Oprägung. Hä saht kaum de Dagszick, satz sich an der Kaffeedesch un verstooch sich hinger der Zeidung. In gingk die ganze Saach nix an. Doför wor et Griet deste mih en singem Element. Et maht der Meister Kleisterpott met singer Frogerei esu verdötsch, dat dä sich ald dreimol vermessen hatt. Endlich wor hä üvver alles em klore. Hä stundt do wie ene General vör der

Schlach, wosch sich met däm rude Sackdooch üvver de Plääat un laht dann usenein, wie hä die Arbeid maache wollt. En der Köch unger ene graue Ölsockel, weil do die Pänz dran köme, ovve sollt alles schön hell wäde, weil do die Pänz nit dran köme. Och e schön Rusemuster woll hä drop tuppe. Em Schlofzemmer sollt jet Bläu en de Deck kumme un an de Wäng en Fünfgroschens-Tapet met enem schöne Goldließge als Avschloß. Die veer klein Babbelmännchen stundte wie de Ölgötze eröm un stippte Nas un Muul op. Et Griet nickten ald Iuuter mem Kopp un schälte nevvenbei ens nohm Huushär. Dä leet sich nix angon un knibbelte nor opgeräg an'em Brüdche, wie e Kning, däm mer Mostert an de Murre gedon hätt. „Un wat koß dä Schmeer?" saht et Griet.

„No, weil ehr et sitt", antwooten der Kleisterpott, „sage mer alles zosamme fuffzig Mark."

„Wat, fuffzig Mark?" krieten der Tünn un sprung op, als hädden im einer ene Flasterstein op der decke Zieh geschmesse. Dä ganze Döppcheskrom om Desch schlog der Tirvel.

„Ävver Toni!" fleuten et Griet.

„Fuffzig Mark", kächten der Toni opgebraht, „för su e beßge Arbeid. Do krigen ich jo e ganz Huus för gemaht."

„Hoppela",meinten der Meister genöglich, „do muß mer ävver zoeesch einer han, dä dat deit."

„Ävver Toni, dat iß doch auch nit zoviel", lenkten et Griet en.

„Su, do giß im och noch bei", schreiten der Babbelmann.

„Nor erus mem Geld. Wat koß de Welt, meer haben et ja! Ävver dat sagen ich üch, ich loße meer nit et Fell üvver de Ohre trecke!"

Domet hatt hä ävver däm Meister fies op de Ziehe getrodde. Ein Woot gov et andere, un zom Schluß brollt dä wödige Kleisterpott, dä ale Kniesbüggel sollt sich singe Dreck gefälligs allein maache.

„Dun ich, dun ich“, schreiten der Tünn un reckten sich huh, dat im hinger beidse Reemcher vun de Helpe sprunge, „do bruch ich kein fuffzig Mark för, dat maachen ich för e paar Grosche!“

Paaf, worf dä Kleisterpott de Dör en et Schloß, dat der Kalk vun de Wäng feel un dä große Speegel met däm bleche Goldrahme op ein Sick rötschte. Zoröck blevv der Tünn, heelt sich de Botz faß un hatt Angs för singer eige Kuraasch. Doch wie hä die Jappmüler vun singe Sprößlinge sohch, brollt hä su hatt, wie e kunnt: „Allamasch, erop!“ dat die Bagag de Trapp erop einer dem andere op der Punjel trot.

De nökste Däg ging dat Levve singe Gang vöran. Et Griet leet de Leppe bis unger et Kenn hange, un die Babbelmänncher mahten ene große Bogen öm der Papp. Su soß de Familje ens widder am Meddagsdesch un wor ene große Kessel met Äazezupp am avkamesöle. „Ma Mamm“, kriehten dat kleine Jüppche, „dä dä Hein hät gesaht, dä . . .“

„Halt de Muul“, säht et Griet, „jetz weed gegesse!“

Ävver wat dä Klein op der Zung hatt, moot erus. „Dä dä Hein hät gesaht, dä dä Papp künnt ganit anstriche!“

Klatsch – flog däm Tünn singe Löffel en de Zupp, un em nökste Momang hatt hä dä Unglöckswurm beim Krage un schöddelten in wie ne Spölsplagge hin un her. „Wer hät deer dat engeblose?“ brollt hä un worf ene wödige Bleck op sing Frau. Do kom'e ävver beim Griet richtig an: „Si'meer ald esu wick, dat dä Jung nit mih dovun spreche darf, wo singe Vatter su met gestrunz hät?“

„Ha han och ganix gedon!“ jömerten et Jüppche.

„Halts Maul!“ kriehten opgebraht der Tünn.

„Ärg bellig“, gov et Griet Antwoot, „eesch de Muul oprieße, wat mer all kann, un nohher darf keiner mih dervun spreche.“

„Schluß jetz!“ brollt der Huushär un schlog op der Desch, dat de Ääze uus dem Kessel höppte, „wat ich gesaht han, weed och gedon! Verstande? Un wann ich sage, et Huus weed avgeresse, weed dat och gedon. Dat geiht keiner jet an. Do hät keiner jet zo melde, ävver och keiner.“ Dobei versok hä, met de Auge wödig zo rolle. Et Griet schubste nor de Scholdere un säht: „Paß nor op, dat do nit us dem Etui fälls.“ För it wor de Haupsaach, singe Ühm woß, wo hä dran wor.

Wie der Tünn am anderen Dag heimkom, wor hä wie ene Packesel met Blose un Pakette belade. Om Desch wood alles usenein zotteet, un dann kom et erus: „Ich han meer drei Dag Urlaub genomme, morge weed angefange.“ Et Griet wood em eeschte Momang kniggewieß, et hatt doch bestemmp gedaach, dat ne Anstricher die Arbeid maachen dät. Ävver dann schmeß et der Kopp huh: „Got, wann do nit andersch wells, dann stüß deer de Hööner av!“ Heimlich ävver kühmten it: „Levver Gott, helf uns!“

Morgenstund hät Gold em Mungk. Dat hädde mer och bei Babbelmanns sage künne, su fröh stundt der Tünn ald am andern Dag parat. Hä hatt en große Schützel vun singer Frau vörgebunge un öm der Kopp en Handdooch gedrieht. Jetz broht hä nor noch „Salem aleikum“ zo sage, dann kunnt mer meine, hä wör op der Pilgerfahrt noh Mekka gewäse. Dat Schützel wor jo noch schön lang, ävver wie hä sich e paarmol op der Leider dren getrodden hatt, wor dat nor noch e Zeerschützelche. Als eeschte Arbeit rüümten der Tünn met singem Griet de Köch us un rötschte die schwer Möbele en der Meddse zosamme. E Lake drüvver, un die Bahn wor frei för der Düchtige. Met enem Emmer Wasser jöckten hä die Leider erop un fägte met däm Wießquaß wie rösig üvver die drecklige Deck, dat de Määzebiester nor esu eröm jitschte. Met enem Krih ging et Griet tirre un plöckten sich drußen der Kalkdreck us dem Bubikopp. Dä Klätsch vun d'r Deck sollt jo en dä Emmer erenn, ävver dem Tünn singe Dääts wor positiv gelade, un bal sohch hä us wie us der Spiesbütt getrocke. Dröm laht hä av un zo en Kunspäusge en un kratzten sich die Kalkbröh vum Geseech un Labberdöönchen erav. Zweschendurch hatt et Griet om Hoff der Kaffeedesch parat gemaht un reef zom Fröhstöck. Wie op der Ihsbahn letschten der Tünn durch et Zemmer un reß de Dör op. Et Griet dät ene Krih, wie et dat beklätschte Gespens sohch un hädde beinöhks der Kaffeepott falle geloße. Ävver Gespenster künne nit käue un su moot et ensinn, dat dat Gespens singe Tünn wor, un dä leet et sich schmecke.

Op eimol hoot mer us dem Huus e Moodsschandal. „Die Saupänz!“ schreiten der Tünn un fägten op de Köchendör an. Do jöckten sing Trabante durch die Kalkzaus un schlogen de Bahn, wat giste, wat häste. Meddsendren log et Jüppche un brollte, als hädden hä mindestens sechs Ärmen un Bein zerbroche. Met enem öntlige Balg Wachs un vill Gedöns un Buhei flog dä Puutekrom an der Dör erus, un et Griet kunnt dem Jüppche zoeesch ens et Fell avtrecke, dat dä widder Minsch wood. Dann nohm sich der Tünn et Schlofzemmer vör. Erop un erav gingk et die Leider, hä spoot kaum noch sing Knöchelcher. Ävver alles nimmp ens en Engk, un am Ovend woren de Decke rein un de Tapet erav. Hungksmöd krovv hä en de Fall. Ein große Sorg leet in nit schlofe. Erav hatt hä alles, doch wie kräg hä et widder dran?

Mem eeschte Sonnestrohl am andere Morge wor hä widder en der Wehr. Hück sollt in keiner bei der Arbeid störe, un dröm moot et Griet met dä Puute op Besök bei de Groß un dorf eesch am andere Ovend widder kumme. Flöck maht hä sich zoeesch ens ene Emmer Knick parat, dät en halv Pund Bläu dren, un wie hä meint, et wör got, laht hä loß noh däm schöne Leed: „Meer striche met däm Quaß eimol hin un her. . ." Et kom im ald ens vör, als ov die Färv en beßge ärg bloo wör un hä sohch och vill Knübbelcher dren. Hä leet sich ävver nit störe un daach, et weed sich wal maache. Dann tuppten hä en der Köch dat schöne Rusemuster op de Wand. Doch met singer Tupperei wor et nit wick her. Die Ruse fingen an uszolaufe. Zoeesch woren et noch Klatschruse, ävver bal kunnt mer se nor noch för rude Kappesköpp halde. Dem Tünn kom der Angsschweiß op de Steen. Doch maht hä sich noch jet wies un hatt widder e neu Spröchelche op Lager: „Nor en der fädige Arbeid litt de Wirkung." Hä fabrizeete Kappesruse un rude Kappese, als wann hä en singem Levve nix anderes gemaht hätt. Et sollten och noch grön Blädder derzwesche kumme, ävver et wor kein Plaaz mih derför. Bis en et Düstere dät hä brassele un die letzte Ruse sohch hä nor noch ganz verschwomme. Nohdäm hä sich die Färv vum Liev geschrupp un der Baat rein gepiddelt hatt, satz hä sich hinger dä Kessel Äädäppelschlot, dä et Griet im parat gemaht hatt. E Weegeleedche broht im keiner zo singe, un vör'm Enschlofe murmelten hä noch en si Bäätche, morge süht alles andersch uus.

Pünklich öm sechs Uhr rappelten der Wecker dat möde Schof an der Lappekeß erus. Wat hädden hä dröm gegovve, wann hä die dauv Knöchelcher noch jet hädde reste künne. Doch hück moot et geschaff wäde, söns wor hä blameet. Noch en der Underbotz talpten hä zoeesch ens noh der fresch gestreche Köch. Hä wollt doch si Werk ens öntlich op sich wirke loße. Doch wat hä do sohch, dat nohm im bal der Odem. Et leef im heiß un kalt der Röggen erav. Rut, rut, un noch ens rut. Un et sollten doch esu en schön Ruse gevve, Ruse, die einer anlaache däte. Wat ävver do de Wand erav hing, dat wor ald mih för zo kriesche, un die Deck sohch us wie ene bloe Streukooche. Nix wie Grümmele. Hä moot sich selver sage, et wor en schön, wunderschön Ferkeserei. Doch wat nötzten et, sich dodrüvver opzoräge. Villeich wor et för die andere doch noch schön. Jetz moot et Schlofzemmer tapezeet wäde. Dobei sollt im e Fläschelche Kööncheswasser helfe. Hä hatt ens irgendwo gelese: „Zum Werke, das sich ernst bereitet, geziemt sich wohl ein echter Korn." Fresch schott hä dä Tapezeerkleister en der Emmer un mengten un schlog dä Papp, als wann et Sahne wör. Dann jöckten hä mem Zollstock de Wand erop un erav und stallt sich an, als wann hä der Gözenich usmessen dät. Wie hä dä Zollstock ens en dreßigmol op- un widder zogeklapp hatt, do wor dä knips, knips, glöcklich en fünf Deil usenein gebroche. Su kom et, dat nohher verschiddene Bahne jet koot, doför ävver die andere jet länger wore. Mem Griet singer beste Scheer haggelten der Tünn dann die Striefen an der Tapet erav un braht en Wirkung domet erus, als wenn de Müs dran gefressen hätte. Flöck noch e Köönche, un dann jöckten der Quaß ald üvver die eeschte Bahn. Dobei fleuten dä wödige Arbeider dat schöne Leed: „Was frag ich viel nach Geld und Gut." Doch en Donnerkiel kom hinger dren, denn hä wor mem Quaß durch de Tapet gerode un worf jetz de eeschte Makulatur en de Eck. Die nökste Tapetebahn braht hä glöcklich bis op de Wand, wenn och et Blomemuster om Kopp stundt. Se wor och jet ärg scheif gekläv, ävver för alles en der Welt hädden der Tünn se nit mih erunder gemaht. Se hatt im bei däm Zweikampf sugar em Baat faßgehange un vür luuter Alteration hatt hä sich op de Zung gebesse. E Gläsge Koon braht in widder en Fazung, un bal hing hä met däm zweite Papeerlappe an der Wand. Die Tapet sollt genau an der eeschte klevve. Hä wollt dat och, ävver die Tapet nit. Et Engk vum Leed wor ene schöne Selvkantstriefe, dä sich de ganze Wand erunder trook. Dä Tünn, däm d'r Schabau ald allerhand Kurasch gegovven hatt, kom dodurch nit us der Rauh. Och, daach hä, die eeschte Bahn eß vermasselt, do stelle meer der Schrank hin, un wann bovve noch jet erus kütt, hange meer do e Bild op . Dä Strick met dä Tapet ging wigger. Noh der fünfte Bahn merkten der Tünn dann och, dat de Blome un de Blädder op dä Bahne zosamme passe moote. Doch, saht hä sich, die Blome waaße drußen och weld durchenein.

Lantsam kräg hä Spaß an dä Arbeid, mag sin, dat et och durch dat Schnäpsge kom, wat hä zweschendurch luuter kippte. Scheif un schäl wellten sich de Tapet an der Wand, et wood ald immer doller. Der Tünn fung sing Arbeid ävver immer schöner. Op eimol fung hä sich am Krunleuchter widder. Die Leider wor e beßge usgerötsch. Got, dat der Kleiderschrank en der Nöh stundt. Dodran rötschten dä flegende Kleisterich glöcklich an de Ääd zoröck. Zoeesch plöckten hä sich die Tapet vum Liev, die sich wie en Schlang öm in eröm gedriht hatt. Met zidderige Kneen satz hä sich op der Pappemmer un drunk sich widder neue Mot an. Wie hä no widder dran gon woll, merkten hä, dat kein Tapet mih do wor. Dat kunnt hä nit begriefe. Hä hatt doch mih wie genog gehatt. Üvverall sook hä noh, sohch och ens am Finster eruus, et wor nix mih do. Die Tapet wor fott. Dat se zerknuutsch en däm Dreckhaufe log, op dä Gedanke kom hä nit. För besser nohdenke zo künne, schott hä sich noch eine en, et schmeckten immer besser. Wie hä jetz noch erus kräg, dat mer och drinke künnt, ohne Tapet zo klevve, gingk et der Schabausfläsch schwer an de Niere. Tapet met Dreck un Striefe, met Knubbele un Gefransels, alles schwomm im durchenein. Sing Arbeid gefeel im immer besser. Öm et sich jet bequem zo maache, satz hä sich meddsen en die Makulatur. Nit lang, un dä Schwerarbeider sägten em Draum ene Aß av, dat die Blome all der Zidder krächte.

Et Griet hatt bei der Groß kein Rauh gehatt, un wie et am zweite Dag op veer Ohr angingk, wor et nit mih zo halde. Die veer Quös am Schleppe, kom it gäge sechs Ohr derheim angedötz. Kaum hatt it de Huusdör opgemaht, do fägten die Trabante och ald vörop en de Köch eren. „Och!“, klung et vun veer Stemmcher un dann nix mih. En einer Alteration kom et Griet no och eran. Ene Bleck, ene Krieh, patsch feel singe Kabaß en der Dreck, und dem Griet leef alles rund. It meint zo dräume un maht de Auge ens zo. Wie it se widder opreß, sohch et ald widder rut, rut, rut un noch ens rut. Sing Köch kom im vör, als wa’mer hundert Firke dren geschlaach hätt. „Tünn! Tünn!“ bälkten it durch et Huus. Dä ävver reppten un wägten sich nit. Do kom vun nevvenan su e komisch Piefe. Sollt do jet passeet sin? Der Zidder en de Kneen reß it de Schlofzemmerdör op. lt kunnt nix sinn. Et flimmerten im vör de Auge. De

Puute streuften em Zemmer eröm. Op eimol gov et ene Blök, als wann et einem an et Levve gingk. Die klein Quante floge üvver Pappemmer un Tapezeergestell widder de Dör. „Do, do, Ta-Ta-Tapet?“ wor alles, wat et Griet noch höre kunnt. Wohrhaftig, dä Papeerhaufe wor sich am bewäge. Em Nu hatt et Griet sich ene Schrübber gepack un ging däm Kupp an et Fell und fung singe Tünn em sibbte Himmelbettche. Ene Bleck op die leddige Schabausfläsch, un it woß genog. Ävver, wie sohch dä Här der Schöpfung uus? Die Reste vun der Tapet klävten im öm der Liev, dat kaum noch en Nasespetz erus kom. Do wör ene Zauberer vun de Fidschi-Insele nit mih metgekumme. Zoeesch scheppten et Griet ens deef Odem. Dann lorten it ens öm. Die Tapet un die Deck – wie kunnt nor einer met aller Gewalt esu en Biesterei fädig bränge. Doför hatt it no dä Unfridde gehatt, wor e paar Däg usquarteet wode un dann noch dat schöne Geld för all dat Material!

„Op he!“ brollt it dä ärme Papeerengel an un röddelten un schöddelten dä, dat der Tünn meint, der jüngsten Dag wör angebroche. Et dorte lang, bis der Tünn se widder su zemlich all zosamme hatt. Wie hä et Griet sohch, stodderten hä: „Schö, schön, neet?“ Et Griet kunnt nit mih. „Wat schön, do Ferkeskopp!“ Un dann holf it däm avgedankte Klätschmagister op der Trapp, dat de Makulatur durch de ganze Stuvv flog.

De nökste Däg hatt es Griet widder et Kommando, un der Tünn bemöhte sich, su leis wie müggelich opzotredde. Wäng un Decke dorf hä widder rein kratze und dernoh moot hä der Meister Kleisterich weich maache, bis hä sich endlich dran gov, un alles en Odenung braht. Der Tünn ävver kann kein Färv mih rüche.

Vill Gedöns öm ne Plaatekopp

„Allemasch!", saht der Vatter Bellemann zo singem Pittermännche, „wäsch dich un maach dich jet öntlich, do kanns met noh'm Ohm Jupp gon, ävver zau dich!" Dat brooch hä däm Peffikus nit zweimol zo sage, denn för in gov et bei däm Ohm off jet Neues zo sinn. Su dorte et nit lang, do tippelten die Zwei op Neppes an, wo dä Jupp Gemünd, ne ahle Junggesell en nem kleine Hüs'che wonnen dät. An der Husdör angekumme, durf dä kleine Köttel an der Schell trecke.

Dat dät hä för si Levve gän, denn dä Ohm hatt dobenne e richtig Glockegebimmel. Wer kunnt et do däm Lotterbov verdenke, dat dat Bimmele jet ärg lang doren dät, su dat die ahl Plöcks, die zwei Hüser nevvenan am offe Finster soß, un nit mih got höre kunnt, opgeschreck säht: „Wat dat widder lang lück? Do eß secher widder ne Riche dut – Gott trüs in en der Iwigkeit!" Wie dä Gemünd jilich de Dör opreß un sing Verwandtschaff sohch, stallt hä zoeesch ens dä Knöppel, dä hä hinger däm Rögge verstochen hatt, höösch en de Eck. Hä hatt doch gedaach, hä künnt eine vun dä Pooschte schnappe, die im met ihrem Müsger fange et Levve soor maachen däte. Fründlich kumplementeerte hä no singe Besök en et Wonnzemmer, wo hä grad singe neue elektrische Raseerapparat usprobeeren dät. „Sag, Bätes", meinten hä, „ne Augenbleck weesch do doch noch Zick han, ich well mich flöck fädig raseere. Ehr künnt Üch jo schon selvs bedeene. Do steit de Fläsch met Klore, un för et Pitterche eß e Appelblömche do." Dä Vatter leeß sich nit lang nüdige un kippte glich drop e Vügelche Schabau de Drankgaß erav. Wie hä donoh ens hämschte, frogten singe Schwoger: „Na, schmeck et? Dä trick, wat?" „Dat kammer wal sage", antwote der Bätes un schleckte noch ens noh, „nor, för Anfänger eß et nix." „Ja", strunzte dä Gemünd, „do eß och jet dren, dä han ich nämlich selvs gemaht." Su nevvenbei meinten hä: „Hätts do nit och Loß an su nem Apparat? Mer kann vill Zick domet spare" „Domm Züch!" knotterte dä, „ich kann däm Firlefanz nix avgewenne – – dat eß doch nor halve Krom." „Wat – halve Krom?" struddelte dä Huushär erus, un endäm hä im et Kenn hinheel saht hä: „He – föhl ens! Eß dat glatt udder nit?" Un wie dä ungläubige Tommes noch immer nit zo üvverzeuge wor, dät hä im die Schrappmaschin met vill Buhei vörföhre.

Bei däm Disput soß et Pitterche stell derbei un stippte Nas un Mul op üvver dat Wunderdinge, denn vun derheim us kannt hä vum Raseere nor Quaß, Seif, Raseermetz un die Donnerkielerei vum Vatter, wann dä sich geschnedde hatt. Grad dät dä Schwadronör zeige, wie mer och lang Hoore stümpe künnt, do schellten et Brand, un en Stemm bröllte: „Här Gemünd, ehr sollt ens glich beim Bäcker Faasbender an et Telefon kumme." Su wood dä Vördrag koot avgebroche, un dä Gemünd kunnt nor noch sing Gäß vertröste, dat hä bal widder do wör.

Weil dä Bellemann jetz nit mih vun dä Schwaderei avgelenk wood, spörten hä dubbelt dat Rumore en singem Buch, wat im schon en Zicklang Moläste maht. Öm jet dogäge zo dun, schott hä sich noch eine hinger de Bind, un weil dat noch kein Linderung gov, schleckten hä noch eine. Do kom et ävver üvver in. Mer kunnt sinn, wie hä de Klör wäßele dät, un endäm hä singem Sprößling zoflösterte: „Ich muß ens, – no maach mer derwiel kein Dommheite!“, domet wor hä och ald an der Dör erus. No wor et Pitterche allein. Dä elektrische Baathubbel wirkte op in wie ne Magnet. Hä nohm in nor ens en de Hand, fummelte och bloß ens am Knöppche un op eimol summten et, genau wie beim Ohm. Hä kunnt et ganit packe, dat im dat su got geflupp wor. Dann mööt hä dat Raseere doch och künne. Ävver wo wor jet, wo hä sing Kuns dran zeige kunnt? Do feel singe Bleck op ne große Kaktus, dä do zwesche andere Blome op der Finsterbank stundt. Un däm sing Unglöck wor, dat hä üvver un üvver met wieße Fäddem behange wie ne Kopp met griese Hoore ussohch. Wie kunnt dä Ohm däm üvverhaup die Hoore su lang waße loße, ävver dä hät jo immer kein Zick un weed fruh sin, wann ich im jet helfe. Su daach dä Jung. Em nökste Augenbleck hatt dä Gelägenheitsbalbutz dä Kaktus geschnapp un fägte im met Akki üvver de Röb. Wie ne Schleier feelen die Fäddeme erav un üvvrig blevv ne Plaatekopp, wo de Flüh sich en Aach nemme mohte, dat se beim Schlittschohnlaufe nit der Hals zerbroche. Dä kleine Frisör wor richtig stolz op sing Arbeit. Eesch hatt hä große Loß, däm Vatter un Ohm si Meisterstöck zo präsenteere, doch dann daach hä, loß se selvs drop kumme, wat do för ne Düvelskäl beß.

Kaum hatt hä dat gode Stöck widder an sing Plaatz gesatz un die Fäddeme en de Täsch gestopp, do kom der Vatter eren. Et schung im jet besser zo gon, doch wor hä fruh, wie singe Schwoger zoröckkom un hä sich met ner Usräd op heim an verdröcke kunnt. En singer veer Wäng hauten hä sich glich met ner Wärmfläsch om Buch op de Kautsch. Vun däm, wat hä en der Baat mummelte, kunnt mer nor jet vun Düvelsgesöff un Retziusschlemp verston. Et Pitterche spillten op der Stroß.

Am andere Morge wor dat krank Öllig widder op dem Damm. Hä soß grad genöglich am Fröhstöcksdesch, do platzte im unerwadt dä Jupp en et Dinge. Su opgeräg un durchenein hatt hä dä noch nit gesinn. Wat dä im do vörjömerte un dobei schant wie en Rav, do kunnt hä eesch ganit klog drus wäde. Doch endlich kom hä dohinger, dat et sich öm ne praachvolle Kaktus handelen dät, dä zick gester sämpliche Fäddem verlore hatt. „Op de Usstellung wollt ich in schecke – un no eß hä verschängeleet un verdorve", kühmten dä ärme Blomejeck, un glich drop markeete hä der welde Mann un dräute: „Wann ich erus krige, wä meer dat angedon hät – der Hals drihen ich im eröm!" „No lantsam, jet lantsam!" beräuigte in dä Bätes, „su flöck laufen de Päder nit!" Doch die Litanei gingk wigger: „Alles han ich avgesok – nix – nirgends en Spor. No han ich gehoff, ich künnt bei deer jet gewahr wäde, weil do doch immer em Zemmer gewäs beß?" „Dat stemp nit ganz", meinten dä Bätes, „wie do noh'm Telefon worsch, moht ich ens jilich noh'm Höffge." „Un dä Jung wor allein?", hokte dä Jupp en, „dann müsse mer doch dat Pitterche froge, ov dä nix weiß. Ich wäde in meer selvs vörnemme, bei sujet muß mer diplomatisch vörgon, sun beßge hingeneröm, domet hä nit koppscheu weed." Flöck wor dat Pitterche erangehollt un wadte no op de eeschte diplomatische Frog, die dä Ohm och glich stallt: „Sag, Pittermännche, do häß doch gester em Zemmer – an der Finster, wo all die Blome ston, – su ne große Kaktus – ich meine su en große Knubbeleblom – met nem Püngel wieße Fäddem – dat eß ne Kaktus, net! dä häß do doch secher och gesinn?" „Jajo dat", bubbelte dä Quant fresch drop loß, „dä ahle Rübezahl hät ävver jetz kein Spennegewebbshoore mih, die han ich däm avraseet – prima – net? Dä gefällt deer doch su vill besser – udder nit!" Dobei lorte hä dä Ohm su treuhätzig an, als wöllt hä sage: „Wat krigen ich för die gute Tat?" Däm Gemünd verschlog et zoeesch de Sproch. De Leppe bävten op un av wie bei nem Kning, doch et kom keine Ton erus, och diplomatisch hingeneröm nit. Hä klotzte nor met dröv Auge op dat Stehaufmännche erunder. Der Bellemann hatt jet spät kapeet, wat loß wor. Jitz sprung hä jih op, dat de Döppen om Desch huhhöppten un et Milchkännche ne Tirvel schlog. „Wat häß do?", bröllten hä met Donnerstemm, „do häß dä Kaktus raseet?" Dobei hovv hä de Hand, un dä kleine Fetz, dä ganit woß, wo hä dran wor, duckte sich un maht sich ganz klein. Die Hand kom erav und klatschte – däm Vatter op sing eige Knee, dobei krihte hä vör Laache un woll sich nit mih enkrige. „Ne Kaktus raseet, dat muß sich ens einer vörstelle. Ich künnt mich kapott laache!" De Trone leefen im de Backen erav. Bis jitz hatt dä Gemünd de Mul nit opgedon, doch no fohr hä si Schwoger wödig an: „Wat? Do kanns do noch drüvver laache? Üvver su en Schandtat, die dinge Stropp do verbrochen hät? Do solls dich jet schamme! Do eß et kei Wunder, wann dat Sönche op en scheif Bahn kütt." „Ja, leeve Jupp", antwoote dä Bätes, „do soll ei Minsch nit laache, wann sujet Dolles passeet. Doch unger uns gesaht, jet drage och meer Schold an däm Malörche." „Do villeich, ävver ich nit!" gov dä Jupp geftig zoröck.

„Alsu do nit! Soll ich deer ens sage, woröm ich su erusmoot? Nor wägen dingem verdammte Höllegebräu, wat do als klore Korn offereet häß. Do muß deer wal en Feuerwerksraket udder ne Sibbeknäller eren gerode sin." „Do han ald andere wie do vun gedrunke", brommte dä Könchesbräuer, „do hät bes hück noch keiner schläch vun gesproche." „Die andere wäde wal dran gestorve sin", griemelte dä Bätes, „ävver wat dä Jung betriff, dä weed zoeesch ens sing Spardos leddig maache, wat am Pries vun nem neue gode Kaktus fählt, dun ich derbei, dat kann hä dann späder avdrage." „Dat kütt üvverhaup nit en Frog", wehrte dä Jupp av. „Do beß ävver got – un vör zehn Minutte wolls do im noch der Hals erömdriehe", erinnerte in dä Bätes. „Wat säht mer nit all en d'r eeschte Raasch", meinten dä Schwoger jitz friedlich, hä schöddelte me'm Kopp, „mer sollt et nit för müggelich halde, wo Puute nit all drop kumme." Et letzte Woot hatt der Bellemann: „Dann wolle meer dä Ak avschleeße met dä Üvverschreff: Vill Gedöns öm ne Plaatekopp!"

De Huhzick vum Balfers Henn

Huhzick, dat eß e Wöötche, wat jedem Kölsche et Hätz wie e Geistestätzge wibbele lieht. Do bruch mer nor me'm kleine Finger ze winke – – un jederein eß met derbei.

Su wor och der Knappse Neeres vun singem Fründ, dem Balfers Henn, engelade, hä sollt op däm singer Huhzick sugar der Brautföhrer spille. För dä Neeres wor et klor, dat hä för dä Dag en extra apaat Wöbche am Liev han mööt, un doröm stundt hä jitz en nem Geschäff, dat för esu en Festivitäte Anzög verliehnen dät. Ne finge Lackspetzenhär dät in bedeene un hatt im grad en Dinge öm de Scholderblädder gesträuf, wat ne Frack sin sollt. Et wor zwor jet ärg spack un blänkig, ävver et wore noch allebeidse Zibbele dran. Wie en Hipp danzte dä Ladeschwengel öm in eröm, strech he un do paar Fältcher fott, trook de Schleppe schön en der Senkel un kunnt sich nit genog dun, in ze bewundere. Wie ne weldgewoode Plaatespiller leierte hä sing Sprögchelche erunder: „Nein! Einfach grandios. So was Exquisites habe ich lange nicht mehr unter den Händen gehabt. Wie der ihre wunderbaren Körperformen zur Geltung bringt. Prachtvoll! Der reinste Adonis!" Un dobei daut hä däm Adonis ne Zilinder op der Dätz, dä wal ne Finger breit ze wick, doför ävver nit su blänkig wie dä Frack wor. Et log ne Hauch vun Fröhjohr üvver däm Hot, hä wor su schön grön, dat mer hätt meine solle, em nökste Momang mööte Gänseblömcher dran erus kumme. Wie dä Neeres no och noch die schwatze Botz am Liev hatt un ens en dä Speegel loorte, do kannt hä sich kaum noch widder, su ne finge schwatze Käl stundt do. „Einfach großartig!“, hoot hä ald widder dä Lingendänzer quassele, „Dieser Schick, diese Linie! Mein Herr! Damit werden Sie bestimmt Eindruck machen.“ Vun däm Endrock schung der Neeres ald jet ze spöre, denn durch die iwige Schwaderei wor im zemot, als wann si Geheens ne Blötsch gekrägen hätt. Dröm leeß hä sich och leich belehre, dat die Botz en Werklichkeit nit zehn cm zo lang wör, onäh, su en Harmonikabotze wöödte jitz en Paris als de letzte Neuigkeit gedrage. Zofredde leeß hä sich dat Krömche enpacke, laht die Moneten op de Thek un schrömte fruh an der Dör erus.

Der Huhzicksmorge wor do. Fröhziggig höppten hä an der Fall erus, puddelte sich un gov sich an et Antrecke. Met Möh kroff hä an däm Faldenhemp eren. Dat hatt sing Tant Bärb parat gemaht un wor su stief wie Lappledder. Die Tant hatt secher anstatt Stärk Gips gebruch. Zo däm Hemb gehoot och ne huhe Krage, dä met nem Krageknöppche faßgemaht wood. Däm Neeres läuf hück noch ne Schudder üvver der Rögge, wann hä an die halv Stund denk, wo hä sich met däm Vattermöder eröm geschlagen hät. Der Hals hatt hä sich bal avgedrieht, wor vum Kanapee op de Finsterbank gesprunge för der Kopp hühter erus ze krige, un zerbroch drei Krageknöppcher. Ein flutschten im an der Finster erus, hä versook et me'm Schohnsknöpper, danzte rund öm sich selvs eröm un feel halvdut op ne Stohl – meddsen op dä Zilinder. Wie vun ner Nohl gestoche flog hä widder huh, ävver et wor passeet: Do log dat Angsröhr kradeplatt wie ne Rievkooche. Su got wie et gingk, bülten hä dat Unglöcksdinge op nem Enmahtsdöppen us, hä kunnt ävver nix dran ändere, dat dä Zilinder durch die Krünkele jitz ussohch, als wann hä am Kriesche wör. Die Botz un dä Frack antrecke gingk wie geschmeet. Doch hätt hä nie gedaach, dat hä esu en lang Ärme gehatt hätt. Hä kunnt an de Maue vum Frack trecke wie hä woll, vum Faldehemb met de Röllcher kome unge noch immer zwei Handbreit erus. Doch hä daach, dat eß de letzte Mod, koote Maue un lang Botzebein. No wood et lantsam Zick, dat hä op Rett kom. Hä frößelte sich de wieße Händche an de Quadratflosse, daut sich en Pingsrus en et Knopploch un satz sich dä Zilinder halfschärp op ein Ohr. Met paar Zeidunge hatt hä in su usgefödert, dat hä de Auge got frei leet. Dann schnappten hä sing Huhzicksgeschenk, e schön wieß garneet Fäßche met saftige Rollmöps, un dötzte vörsichtig die Trapp erav. Em Ungerhus wonnten et Rievkoochemajän, bei däm der Dag gewöhnlich eesch gäge Meddag anfingk. Ov im no sing eige Rievkooche jet schwer em Mage loge, op jeden Fall hing et ald me'm Buch op der Finsterbank un spingsten de Stroß erop. Höösch woll der Neeres sich ungesinn vörbeidröcke, denn hä kannt däm Minsch sing freche Mul. Doch weil hä wäge däm huhe Krage der Kopp nit eravdäue kunnt, do sohch hä dä Müllemmer nit, dä dat Majän vör de Dör gesatz hatt un Kladeradatsch – do hing hä met singem Huhzickspräsentche am Latänepol, un dä Zilinder schibbelte vör Freud durch de Sot. Dä ärmen Deuvel hatt noch nit de Bein gradgestallt, do fägten och ald dat Schänggewedder üvver in fott: „Do Halvgehang! Do Blindgänger! Kanns do ding Krönzelsauge nit opdun? Wann do mer minge Müllemmer kapott gemaht häß, dä ich esu brudnüdig han för der Deig anzemenge, dann hät et ävver gekläpp, do verschimmelte Stätzgesschwenker, do verdrüchte Scheßbudefigor, do – – oo – – och! Dat eß jo der Neeres – wat han se deer dann för e Aapefellche angedon? Do wells wal he der feine Här makeere un kenns kein ahl Lück mih? Do beß mer jo ne nette Spenneflecker. Komm do mer noch ens Rievkooche kötte – de Pann schlonn ich deer op dä Küleskopp, dat deer ding Moppehötche Plattföß kritt – do verdorve Weckmännche, do sibbezöllige Stinkstivvel, do.“ Suvill kräg dä verunglöckte Brautföhreraspirant noch met, dann wor hä glöcklich öm de Eck eröm. Bal stundt hä an däm Huus, wo de Frau Röbstill, däm Henn sing zokünftige Schwiegermoder, wonnen dät. Et Kathrinche, e Enkelche vun de Röbstills, loorte grad bovven op de Stroß, un wie et dä Neeres en de Pupille kräg, brollt et glich: „Och Oma, süch ens, wat do op uns Huus anküttt – met Frack, Zilinder un Alles. Dä kütt secher vum Oberbörgermeister!“ „Do jeck Öllig!“, hoot mer glich de Röbstills met Laache antwode, „dat eß doch der Ohm Neeres. Donnerknespel! Dä hät sich ävver och staats gemaht!“ Un glich reef se erav: „Dag Neeres! Komm erop, ich han grad en Pann met Quallmänner parat.“ Wie dä Neeres do bovven ankom, wor dat Feßdagsgeläsch schon versammelt. Bei der Begrößerei kloppten im dä Bräutigam Henn paarmol beifällig op de Scholder, dä wor ganz stolz, dat singe Fründ sich för die Huhzick su fein gemaht hatt. Och vun dä And're wood hä bewundert, nor dat Plöckse Nett kunnt et nit ungerloße, singem Nohber en et Ohr zo flöstere, dat bei der Klopperei paar Motte huhgefloge wöre.

Feerlich üvvergov no dä Neeres sing Huhzicksgeschenk, un wie dat Schmölzche spetz kräg, dat en däm Pakett Rollmöps dren wore, do bestemmte dä ahle Röbstill, dat se glich met dä gebrode Ädäppele verkimmelt wöödte. Däm Henn gägenüvver deklameeten hä:

Ne Rollmops dä eß immer got
Wann do häß nüdig gode Mot!

Su kom et, dat bal vun dä leckere Rollmöps nor noch de Holzpenncher üvverig wore.

No hatt dä Neeres sing leev Laß, öm sich dat Puutegedöns vum Liev zo halde. Zo zweit hinge se an singem Schleppe, hä sollt sich rund drihe un met inne Karesselche spille. Se beddelten an einem Stöck: „Loß gon, Ohm, loß gon!“ Ävver do hät hä se vör behot un die Zibbele eifach huh gebunge.

Derwiel wor de Braut, et Malche, för singe glöcklichsten Dag usstaffeet woode, un wie et jitz us dem Schlofzemmer eren kom, meinte mer, ne Engel wör erenngekumme. Die kröll Löckelcher, dodrunger die blo Äugelcher, die unschuldig en de Welt kickte un dobei dat wieße Spetzekleidche. Die Puute kannten ehr Malche nit widder un hatten sich lans de Wäng verdröck. Nor dat freche Pitterche zuppten ens hinger am Kleid, hä dät de Flögele söke. Mer hätt ganit gläuve solle, dat dä Engel metunger och en Kratzböösch sin kunnt. Die Tant Marie, die sich op ehr engebildte Bildung gän nen Däu andät, schlog de Häng üvver'm Kopp zesamme un reef: „Enein! Wie süß! De reinste Kleptopatrizia vun Zaba!“

No maht sich och alles zom Optrett parat, un bal klabasterte dä Zog de Trapp erav. Zoeesch wor dä Zilinder vum Bräutigam unge, die Trapp wor jet ärg nidderig. Op dat Malör vum Henn hin hatt dä Neeres sing Ovvenspief en der Hand gedrage un eesch koot vör der Huusdör opgesatz, domet hä och vör der Nohberschaff, die sich op der Stroß opgeplanz hatt, als feine Mann beston kunnt. Do spörten hä, wie dat Dingen op singem Dätz an ze rötsche fing. Met Gewalt trook hä de Steen en Falde, öm der Kopp jet decker zo mache. No moot och noch su'n Prümm de Schnüss opdun un uuze: „Sag, Neeres, wat mähs do för e Geseech? Jöck et dich, un do kanns dich nit kratze?" Dat ganze Völkche platzte us vör Laache, do blevv vum feinen Här nit mih vill üvverig. Däm Neeres krabbelte et en de Maue, för sich die Krat ze schnappe, ävver jitz he ne Krawall, dat kunnt hä singem Fründ nit andun. Su jöckten hä flöck an däm Wagen eren. Die Hieroderei en der Kirch wor bal gedon. Wie se nohher widder de Trapp erop kome, do spillten dä Pitter dat schöne Quetschenbüggelsolo: „Wer uns getraut – ich sag es laut!"

Derheim wor mer ungerdesse nit mößig gewäse. Dä Feßdagsdesch wor fädig gedeck, un wie se noch ens all hätzlich grateleet hatte, nohm die ganze Gesellschaff Plaaz. Zoeesch kräg mallig e Frikadellche su groß wie e Röggelche, un wie sich dann noch jederein met däm andere Foderkrom engedeck hatt, kunnt dat Gerappel un Geklapper met Metz und Gaffel loßgon. No hatt dä Neeres grad zwei Bessen em Liev, do kräg hä vum Nett, wat nevven im soß, ne Stupp, und dat dät im unger de Weß däue, dat dä ahle Röbstill ald ei Döppe Mostert verarbeid hätt. Dann drihte hä sich widder eröm un woll genöglich wigger schnabbeleere, ävver si Frikadellche wor nit mih do. Hä sohch ens rund, och unger der Desch, dann blevv singe Bleck am Schäng hange, dä nohbei soß un frogten in och, ov hä nix gesinn hätt. Eesch woll dä ganit verston, wat hä üvverhaup woll, und wie hä dohinger kom, wat passeet wor, do schöddelten hä nor me'm Kopp un lorte dä Neeres su treuhätzig an, wie e Kind en Tant, die im e Märche verzällt. Un doch stundt et för dä Neeres faß, dat dä Filu im dat Frikadellche stibitz hatt, domet hä Morge fröh noch e got Fröhstöck hatt.

Langsam woren die Kumpe leddig gewoode, un wie se dann met Prummekäne flitschten un och ald ens e Öllig gefloge kom, do schung et, dat se all satt wore, un flöck wood der Posteling avgerümp. No moot däm Bruckpaar zo Ihre jet gebubbelt wäde, un der Neeres sprung op, kloppte met ner Gaffel an et Bierglas un reef: „Zilenzium!" Dann fing hä an: „Wertvolles Brautpaar! Edle Schwiegermütter un Vattere! Und sonstiger Anhang! Liebe Mitbürger un -innen! Das ist der Tag des Herrn – so haben wir es gern! Endlich erleben wir mal wieder dat aufregende Gedöns einer Kölschen Huhzick. Un wem verdanke mir dat, nur unserm edlen Brautpaar, dat sich endlich durchgerungen hat, in den Standort der Ehe hineinzutreten. Un wer wat vun Huhziggen versteit, dä muß och sagen, dat bis jetz alles geflupp is. Un meer wolle ihne wünsche, daß sie der Kopp immer hochhalde werde, auch wenn mal kalte, wilde Winde um die Nas erum piefen werden. Un nun fordere ich meine ganze Umgegend auf, mit mir aufzustehn un zu rufe: Et Brautpaar soll leben Hoch! Hoch! Hoch!" Alles klatschte, paar Gläser ginge zum Troor, ävver wat mäht dat schon bei ner gode Huhzick.

No kom dä gemötlichen Deil. Jeder drog si Beß met bei. Zoeesch sung der Schwiegervatter dat Leed „Im tiefen Keller sitz ich hier". Dobei wor hä met der Stemm esu erav gegangen, dat hä ganit mih eropkumme kunnt. Op eimol sprung de Dör op un en enem Punjel, met bläcke Ärmen un Bein, fägten e jeck Schibbeleutche eren, maht ne Wirbel un schmeß dann sing veer Flosse su en der Ömgägend eröm, dat mer zoeesch ens de Finstere zomaht. Et wor der Ribbels Augus, ne Vetter vum Henn. Dä wor fröher ens am Thiater gewäs, un weil hä do nit der richtige Drih eruskräg, hatten se im de Kaat gekläv. Jitz rosten hä wie doll durch die Stuvv, de Musik fleuten hä selvs, sprung vun einer Eck en de andere, un wie hä beim Haggendanz der decke Zieh am Kollekaste blau gestupp hatt, kom hä widder zo sich. Et wor ävver noch nit am Engk. „Ich bringe jetz dä sterbende Schwan", fespelte hä, un dann fing hä vun neuem an. Jitz danzten hä ganz räuig, su richtig bedröcklich, dann blevv hä op de Ziehespetze op der Stell ston, flasterte blos jet met de Ärme, verdrihte de Auge, wippte bedröv me'm Kopp, trook d'r Buch hin un her un maht dä Endruck vun nem Minsch, dä em hühkste Grad Buchping hät. Su ähns maht hä sing Saach, dat dä Schäng metleidig usreef: „Hollt jet Gröns erop, söns geit uns dä Schwan kapott!" All krihte vör Laache, un wödig jöckten dä sterbende Schwan an der Dör erus.

Dann zeigten dä Pitter, dä nevvenbei Vörsetzender vum Rauchklub glöndige Piefendeckel wor, wievill Zigare mer en zehn Minutte schmore kunnt. Et wore vörher vill Flegen en der Stuvv, ävver dat wor ehren Dut. Zwei Zigare op eimol schmorten dä Pitter, hä maht ne richtige Gasangreff. Einer kunnt der andere nit mih sinn, de Gadinge woote gäl. Alles wor am Kölsche, un wie endlich einer de Finster opreß, hätt beinoh dä Kriemer Schmitz de Feuerwehr alarmeet, weil hä meinte, sing ahl Kau wör am avbrenne. Un der Pitter worf sich en de Broß un wadte, dat im geklatsch wööd, doch all däte se im jet hoste. – Jitz trot der Manes op, dä wor em Athleteklub decke Maue. Breitbeinig stallt hä sich en der Medde vun der Stuvv op, en jeder Hand hatt hä en schwere ihsere Hantel un worf die jetz en de Looch eren un dät se dann widder schnappe. Hä ging domet öm, als wenn et Appelziene wöre. Et Publikum hatt sich lans de Wäng verdröck un trook de Ziehen en. Eimol wor dä Knubbel Ihser an de Deck gekumme, ävver et störte dä Manes nit, dat der Kalk eravrähnte, hä wor em Element. Bis däm Henn sing Mutter ne Krih dät, weil se meinte, dä Ihserknubbel wör ehr op et Höhneraug gefloge. Dä Manes greff dernevve, un dat Ihser sauste en et Gebünn un blevv noch grad su steche. Met nem gode Drank wood dä Schreck verjag.

Dä Geroch vun godem Kaffe zeigten an, dat et glich widder jet ze müffele gov, un bal soßen se all vereint am Kaffedesch un leeten et sich got schmecke. Wie dä Neeres dat Stöck vun dä huhe Huhzicks-Sahnetaat op singem Teller lige hatt, do leet hä et keinen Augenbleck ohne Opsich, bis hä et em Mage verstaut hatt. Dat Malör wie met däm Frikadellche sollt im nit noch ens passeere. Em allgemeine wore se all bemöht, dat nix üvverig blevv, domet nix verdrügge dät. Noh'm Kaffe mooten der Quetschenbüggel un dä Plaatespiller öntlich eran, jitz wood gedanz, un wenn se en Puus enläge däte, dann wor ald widder einer do, dä e kölsch Leed anstemmen dät, udder se leeten ald widder einer huh levve. Su gingk et bis deef en de Naach eren, et wor kein Zick för ze schlofe.

Dä andere Morge wor bei mänchem nit esu nett, ävver mer dät sich trüste, dat mer paar schön Stunde verläv hatt.

Et golde Dömche

Sielevergnög, e klei bes'ge angesäuselt, stitzelt der Molls Köbes met waggelige Bein op Heim an. Dä linke Ärm hät hä faß öm en Holzkeß gekrämp un balangkseet domet vörsichtig üvver die knubbelige Stroß. Denn en dä Keß eß singe Hannibal, e Kning vum Stamm dä belgische Riese. Se kumme grad vun der Vereinsusstellung, wo dat Praachstöck vun nem Rammeler als Zweitbeste usgezeichnet wood.

„Ja, ja, Hannibal!", fängk dä Köbes met verkehtem Zungeschlag ne Verzäll an, „hätts Do Dich nor jet luser angestallt. – Do broochs nor de Ohre jet mih eruszestippe un Dich opzeblose, mer hätte verhaftig der eeschte Pries, die kristalle Bolekump, gekräge. – Ävver egal, dat golde Dömche, wat mer geschnapp han, eß och sin Geld wät. Dat eß äch Gold – dat heisch, wann mer et nit su genau nimp. – Ich han dat gode Stöck och hinger en de Botzetäsch gedon – dat nix dran kütt."

Dä Hannibal klopp ens met alle Viere op et Gebünn, e Zeiche, dat hä verstande hät. Doch dä Köbes simuleet noch immer üvver dat Bolendöppe un dodurch süht hä nit die Bananeschal, die in do op der Stroß ald en Zick lang nixnötzig anlort. Wie op der Iesbahn letsch hä paar Meter zweschen Himmel un Äd, driht en halvrächte Schruv un knallt met singer Setzplaat röcklings op der Boddem. Zoeesch eß im zemot, als wann hä op e Nälbrett opgeschlage wör, un hä bröllt och glich: „Wat för ne Idiot hät he die Näl en de Äd gehaue?“ Doch wie de Ping jet nohliet, beräuig hä sich selvs un säht: „Got, dat mer nit die Bolekump gekrägen han, die hätt jitz bestemmp der Hals gebroche.“

Dä Hannibal eß bei däm Malörche metsamp singem Kabüffge durch de Looch gefloge un litt no koppüvver en der Sot. Wödig trummelt hä widder die Holzwäng un protesteet, dat mer su met nem prämeete Edelrammeler ömgeit.

Met Aach un Kraach brasselt sich dä Moll widder op de Bein un pack sich dä Kningsstall huh. Die Aat un Wies, wie hä dat mäht, domet künnt hä jot em Zirkus optredde. „Sujet kütt mer nit noch ens vör!“, schängk hä met sich selvs, un met kniepige Äugelcher spings hä em Wiggergon noh der nökste Bananeschal. Wie se dann derheim glöcklich ankumme, kunstateet dä Spätheimkehrer met deefem Odemzog: „Suwick wöre mer!“, brängk dann die Holzkeß en Boddemkuntak un setz sich drop för jet ze räste, derwiel dä Prämeete hinger dä Tralge huhnäsig Geseechter schnick. Drop, noch grad vör dem Enschlofe, gitt dä Här vum Ganze sich nen Däu, schnapp der Knopp vun der Husdör un hält et Huus faß, bes hä et Schlösselloch gefunge hät. „Simselabim!“, fispelt hä en Wiel lang, un glöcklich springk och de Dör op. „Wa! Do staunste?“, strunz hä beim Hannibal un schurvelt die Keß mem Foß en der Flor eren. Et Böcke mäht im zovill Möh.

No muß mer wesse, dat däm Moll sing Ehehälfte, et Züff, nit do eß un eesch gäge Meddag vun nem Besök zoröck kütt. Dröm föhlt hä sich ganz frei un säht no för dat Kning: „Do paß meer jitz op de Husdör op, un wann einer eren kütt, dann bellste!“

No kütt för dä Köbes noch en möhsillige Arbeit, hä muß de Trapp erop. „Su ne domme Zorteer", knottert hä, „kunnt die Trapp jitz nit erav gon – do wör ich vill flöcker do." Su noh un noh, met vill Rötscherei erop un erav, eß hä doch endlich bovve. Beim Ustrecke schmieß hä die ganze Kledasch op eine Kupp un well grad der Schlofanzog antrecke – – do hät hä op einmol Blot an der Hand. „En Donnerletsch!, wie kummen ich dann do dran?", gitt hä singer Verbaserigkeit Usdrock un sök no de ganze Ömgägend av, – ohne jet ze finge. Bes hä an der Speegel vum Kleiderschaaf geit un singe Astralliev vun hinger belort, – do leuch im, nit wick vum Meddelpunk ne rude Klätsch, su groß wie en Pingsrus, entgäge. Do eß im doch evvens bei dä Brochlandung eine Toon vun däm golde Dömche öntlich en die Speckschwad gerode, et Fell eß wie vun ner Riev zerkratz. Der Moll schöddelt met dem Kopp un denk: „Eß ald got, dat mer de Botz drüvver antrecke kann, mer künnt sich jo op der Stroß nit mih blecke loße, – – su nem golde Dom kann mer och ald nit mih traue – – einer su hinderlestig zo verschängeleere." Ävver wat nötz et all – su kann hä nit nohm Bett gon, do muß e Heff-Flaster drop. Hä mus et ganze Schlofzemmer durch un wie hä et endlich gefunge hät, do sin der Kleiderschrank un de Wäschkumod leddig, un om Boddem süht et us, wie beim Totalschlussverkauf.

Jitz heisch et, dat Klävdinge op die richtige Plaatz ze bränge. Dat eß flöcker gesaht wie gedon. Hä driht sich noh hinger, dat de Rebbe knacke, met de verdötschteste Anstalte eß nix ze maache. No steit hä breitbeinig mem Rögge zom Kleiderschaaf un lort, mem Kopp noh unge, durch de Bein. Do süht hä dä rude Fleck genau widder em Speegel. „Aha!

Kälche, jitz han meer Dich widder!“, freut sich dä Köbes un klatsch dat Klävflaster medden op die rut Plaatz. Die Pädsarbeit gitt im dä Reß, hä kipp noh hinger un krüff op alle Veere en de Fall eren.

De Sonn steit ald huh am Himmel. Dä Moll schnarks, dat de Bilder an der Wand waggele. Et klingk su uußer aller Sorg. Verleech eß hä em Draum sich zwesche de Domtön am schöckele, un zo singer Föß bad sich dä Hannibal en dä Bolekump. Do schnuck hä zesamme – – un ne kale Wind fäg üvver in fott un e Modsschandal knallt im en de Ohre. Verschreck rieß hä de Augen op, do steit et Züff am Bett un schängk en de hühkste Tön. Et Plümo un de Deck hät et im fottgeresse un et Finster sperrewick opgemaht, su dat hä sich schöddelt vör Kält, wie e usrangscheet Auto em veete Gang. Et dort jet, bis hä sing Senn beienein hät, doch dann weed im klor, dat sin Götterweib Anstalte mäht, öm im ne Emmer kalt Wasser üvver der Liev ze schödde. Met nem Sprung eß hä am Bett eruus. Hä well noch jet sage, ävver et Woot bliev im em Hals steche, wie hä dä große Durchenein em Zemmer süht. Et eß, als wenn ne Lumpekriemer sing Kar opgeschlage hätt. Dat schöne wieße Bettdoch eß met rude Tuppe beklätsch wie e Tapetemuster. Un no zeig och noch et Züff op dä Speegel, un wat süht hä do?

Do kläv doch dat Flaster, wat hä singer Meinung noh, sich selvs op die Schwad geklatsch hatt, meddsen op däm Speegel.

Ferie bei der Tant Stina

Do hätt doch de Tant Stina en nem Breef an mie Mutter och üvver mich geschrevve. Schwatz op wieß stunnt do drenn: „Wat mach dann noch dä liebe Jung, et Pitterche. An dem wärdt ihr doch jetz vill Freud habe."

Do säht mie Mutter: „De nökste Ferie führs do no Quabbeledorf, domet de Tant Stina och e besge Freud an deer hät." Denn se meinte: Bei dä ville Firkelcher, die de Tant hätt, do köm et ehr secher op ein mih udder winnijer nit drop an.

För die Reis hatt ming Mamm mer allerhand nixnötzige Saache en der Rucksack gestopp. Zahnböösch, Kamm un Hoorböösch, drei Stöcker Seif un en Nählböösch. Ich sage: „Wat soll ich dann met all däm Züch? Ich han doch jetz Ferie."

Ming eige Saache, die ich för stell Stunde immer brudnüdig han, hatt ich unger em Rucksack verstoche. Jöck- un Neespolver, Knallpapeercher un Knallähze, Kaugummi, nohgemahte Kakerlake un ming Cowboyrevolvere un Sporre, för om Fury en de Prärie zo rigge.

Wie ich en Quabbeledorf ankom, säht de Tant Stina: „Jung, no dunn jetz ens, als wenn do derheim wörs."

Ich sage: „Tant, dann muß do meer zoesch ens verspreche, dat do mich nit erus schmieß."

Zom Empfang hatt de Tant för mich extra ne Koche gebacke. Wie ich fünf Stöcker schnabbeleet hatt, meinten se, ov ich noch ein Stöck verdrage künnt.

„Ja“, sagen ich, „käue kann ich et jo noch, ävver ich kriege et nit mih erav.“

Mi Bett, wo ich drenn schlofen dät, wor su huh, dat ich et Naakskumödche als Sprungbrett gebruche moot. Meddsen em deefste Schlof ben ich dann am Bett erus gefalle un han om Boddem wigger gepennt. Ming Tant, die glich eran gefäg kom, röddelte mich wach un säht: „Ävver Pitterche, häß do dat nit gemerk, dat do am Bett erus gefalle beß?“

„Enä“, sagen ich, „ich han wal jet bummse gehoot, ävver ich hätt nit gedaach, dat ich dat gewäs wör.“

Am andere Morge han ich mich zoeesch ens en der nöhtere Familie ömgesinn. Em Stall lorte mich de Köh su domm an, als wann ich tireck vum Mond köm. Su en Koh es ävver och ganz einfach konstruiert. Vöre blöök se un hinger kütt Milch erus. Die Köh vun minger Tant sin wie ne Automat, do bruchs do nor an einem vun dä Zibbele zo trecke un schon häß do ne halve Schobbe em Döppe. Ich wollt jo och ens probeere, ävver do säht ming Tant: „Gangk do meer fott, söns meint die Koh, do wörs vun ehr e Kalv.“

Bei de Ferke wör ich bahl för luuter Parfõng laufe gegange, ävver weil ming Tant verbodden hatt, mich do länger opzohalde, ben ich noch jet do geblevve. Och, die klein Ferkelcher, wat eß dat jet Goldiges. Genau vöre op der Nas han se ne richtige Stechkontak, un wat han se su nett gequietsch, wie ich se hinger met de Stätzger zosamme gebungen han.

Wie ich op der Hoff kom, stundt do e leibhaftig Fury-Päd. Ich flöck ming Sporre geholt un dann erop op dat Päd. Dat kunnt nor noch sage: „Halt dich am Hals faß.“ Un dann gingk die Jag los. Als letztes kom der Wassergrave, ävver dat wor gar keine Wassergrave, dat han ich ehz gemerk, wie die Furie vun nem Päd mich en der Mestepol geschmessen hatt.

Doch söns han ich mich en Quabbeledorf ärg nötzlich gemaht. Ming Tant wor immer mem Knäch am schänge, weil dä sing Knoche su langsam bewägen dät. Dä kunnt nohher nit flöck genog Ärmen un Bein bewäge, för sich zo kratze, su hatt ich dä met Jöckpolver behandelt.

Kurascheet eß ming Tant, ävver su abergläubich. Se bruch nor ens zo neeste, glich säht se: „Dat jit Geld.“ Wat meint ehr wal, wat ich der durch ming Neespolver Geld verschaff han –, wo se noch hück drop hoff.

Un dann hatt se ovends immer dat Geföhl, et lög einer unger dem Bett. Däm Zostand han ich avgeholfe; ich han die Stempele vum Bett avgesäg.

Op Pingste hatte mer große Husputz, do moht alles blänke. Sugar de Vugelscheuche em Feld krägte rein Wäsch an. Ich hatt denne Köh em Stall de Hööner schön selverbronceet, un jeder an der Stätz ne Struuhs Pingsruse dran gebunge. Sugar de Ferke hatt ich met nem rude Bängelche öm der Hals fein gemaat.

Söns han ich die Quabbeledörfer noch vill erlevve loße. Wie de Ferie am Engk wore, hatt ich fünf Pund zogenomme, de Tant hatt aach Pund avgenomme, der Dorfschaschant kunnt en Rauh der Zäbel avschnalle un de Feuerwehr kom us dem iwige Alarmzostand erus.

Adjüs zosamme, bes et nökste Mol.

Blos ming Mutter kühmte: „Jetz fängk dat ahle Leid widder an!“

Besök em Zoo

Weil bei uns derheim immer suvill vun Kamele, Esele, Lamas un Aape gesproche wehd, säht der Papp: „Am bellige Sonndag gon mer en der Zoo, do wolle mer uns all die Deere ens anloore."

Wie die Kamele uns Karawan, der Papp, de Mamm, de Groß un mer sechs Puute met Fudderasch för drei Dag erankumme soche, fingen se glich an ze tröröte. „Do schreien ding Brödere", säht de Mamm för der Papp, doch dä meinte: „Die Deere han Hunger. Die han dä Blomestruuß op dingem Hot gesinn."

Mer wore noch nit ganz em Zoo, do kroff uns Klörche ald zweschen de Meerschweincher eröm, der Hein versok op nem stinkige Bock ze rigge un der Fritz fägte hinger nem Goldfasan her, hä woll vun däm en Fedder för si Indianerkostüm han. „Dat well ich üch sage", säht der Papp, „wer jetz nit pareet, dä wehd vun däm große Bär opgefresse.""Au jo", reef der Fritz, „dat möch ich gän sinn, wenn ne Bär einer fresse deiht."

„Süch ens, wat ne große Pattevugel", schreiten op eimol der Hein. „Dat eß ne Kondor", belierten in der Papp, „dä hät jetz grad de Flögele gespreitz, dä kann 6000 Meter huh fleege."

„Jung", säht der Hein, „do hät mer ävver för dä Kontor allerhand Kood nüdig."

Bei de weld Ferke meinten de Mamm: „Loss mer maache, dat mer he vöran kumme, wenn die

Puute mer he erenn gerode, dann kann ich se nit mih widderfinge."

Wie de Oma de Strauße soh, säht se verwundert: „Huuh! Die han ävver lang Häls. Su ne lange Hals möch ich Fastelovend han, för der Zoch ze sinn."

„Ija", säht der Papp, „un wenn dann einer köm un dät deer ne Knöddel en der Hals maache, dann hätt's do och nix."

Op eimol kühmten de Mamm: „Mer künnte got jet fröhstöcke, wenn mer do nor e Plätzge för finge künnte."

„Wie?" säht der Papp, „Dat künne mer doch he üvverall."

„Evvens nit", antwooten de Mamm. „Wo de he hinloors, üvverall steiht: Füttern verboten!"

Em Schimpansehuus stunt en der Medde ne ganze Knubbel Minsche un wor am juuze. „Eine wundervolles Aap", laachte ne Engländer, un wie mer uns die Aap ens beloorte, do wor dat uns Drügela, wat op däm Wipproller vun dä Aapen erömjöckte.

„Do Schinoos! Küss do jetz her", schannt de Mamm, „mer muss sich schamme, dat mer su jet en der Familje hät."

Bei däm große Nilpäd meinten de Groß för dä Wärter: „Saht, Mann, eß dat Deer immer su deck?"

„Iwo", säht dä, „dat müsse mer jede Morge neu opblose. Seht dohinger, wo söns der Stätz eß, do künnt ehr et Ventilschläuchelche sinn."

„Nä, nä", wunderte sich de Groß, „wat nit all gemaht wehd."

No dät ne Pfau met singe Feddere et Rad schlage. „Och, süch ens do dat Hohn", reef et Klörche, „wat däm för ne schöne Blomestruuß am Stätz eruus wähs."

Ungerdesse wor der Hein jet noh an de Iesbäre gerode. Do schannt de Mamm: „Wells do wal maache, dat do vun dä Iesbäre fott küss, nohher bess do widder verkällt un ich han de Lass domet."

Bei de Aape reef et Drügela: „Och, Papp, süch ens do, die Aap süht genau uus wie der Ohm Nikola." „Bes do wal stell!" schnauten der Papp, „esu jet säht mer nit." „Woröm dann nit?" meinten dat Klein, „dat hät die Aap doch ganit gehoht."

Op eimol wohd de Mamm kniggewies, do wor doch et Pittermännche dorch die Trallje geflutsch un stunt sielevergnög nevve nem große Elefant. Wie der Vatter in nohher avkamesölte, do bautzen dä kleine Krott: „Han doch de Fant nix don."

No hatt en däm Dorchenein einer vun dä Deckschwade der Mamm ehre große Kabass gekläut, schwenkten in paarmol en der Looch un dann rähnten et Botterramme wie et Manna en der Wüste.

„Do niederdrächtige Honigkooche, do Hungerligger, do Fressalles!" lamenteete de Mamm un dann schnaute se der Papp an: „Sag, do Lämmetsgan, wells do däm die Botterramme nit widder avnemme?"

„Och, woröm dat dann?" meinten dä genöglich, „wat soll ich dann deswäge met däm ärme Deer Strick anfange."

„Su! För mich eß et gedonn", multen de Mamm. „Mer gonn heim! He roppen se Einer jo wie en Hohn."

Un dann han mer derheim et Brutschaaf ratzekahl leddig gemaht.

Dunkelrude Ruse

De Wittfrau Bebber wor nohm Maat enkaufe un no logen sich ehr Sprösslinge, dä 20-jöhrige Pitter un die zwei Johr äldere Schwester Lisa, ens widder en de Hoore.

Dä Pitter, dä op Freiersföß gingk, woll hück an singem freien Dag en Opwadung bei der Familje Schmalz maache un no kunnt hä dat neue wieße Hemb nit finge, wat hä doför extra gekauf hatt. Dobei dät hä an einem Stöck üvver de Fraulück schänge, die alles su got fottrüümte, dat mer et nit mih finge kunnt.

Wie no dat Gequaatsch gar kein Engk nohm, wood et dem Lisa, dat grad beim Husputz wor, doch zo doll un et platzte us: „Wann do dich späder bei dingem Züff su opspills wie he, dann krиß do dien Hemb direck an der Kopp geschmesse."

„Sag! Mööchs do dich nit e besge gebil'ter usdröcke?", bruusten dä opgerägte Herotskandidat op. „Üvverhaup, wat heisch he Züff? För dich eß dat Mädche noch immer et Fräulein Sophia Schmalz, versteiß do mich. Un no rich dich donoh!"

„Huch enein!", uuzte dat Weech. „Hab ich dir eso in es Schmalzdüppen getroten? Mer schingk, dat do bei dinger Bekanntschaff de Benimmität mem Schümleffel engetreechtert krиß."

„Die Mul! Die Mul!", bälkten dä Pitter wödig, „wann do doch eimol die freche Schnüß halde künns? Ich weiß jo, dat do un och de Mamm dogäge sitt, dat ich met dem Mädche gon un ehr gän sinn dät, dat meer Morgen am Dag usenander köme. Ävver dodrop künnt ehr noch lang wade, do wäden se üch der Schnäuzer vun rein halde."

„Ja, do hatts ald immer dinge eige Kopp", lenkten dat Mädche en, „ävver, dat do wie ne Hoonpott met offe Auge en dien Unglöck renns, dat hätt ich nie vun deer gedaach. Wat müssen dat Sophie un ehr Mutter sich en et Füüs'che laache, dat se dich am Bengel han. Dat kann..."

„Schluß jetz!" bröllten dä Broder, „ich han genog vun däm Lamento. Ich bruche öre Rot nit un ben sälvs Mann genog, för zo ordeile un zo sinn, wo ich dran ben. Un no kei affällig Woot mih üvver de Familje Schmalz!" Met Knottere sökten hä wigger un hatt dat Hemb och bal gefunge, an ner Plaatz, wo hä ald dreimol dran vörbei gelort hatt. Flöck hatt hä et angetrocke, un wie hä noch ne schöne Schlips unger dat Kenn gefrößelt hatt, freute hä sich sälvs üvver dä nette Käl, dä in do us däm Spegel anlaachen dät. Wie hä no noch an die praachvolle Ruse denken dät, die nevvenan, schön en wieß Papeer engeweckelt, om Köchedesch zom Metnemme parat loge, do drevv et in ener Vörfreud hööch ze singe: „Dunkelrude Ruse bräng ich schöne Frau. Wat dat deit bedügge, dat weißte ganz genau."

Derwiel wor de Frau Bebber vum Enkauf zeröck gekumme. Se hatt der Köchedesch avgerümp un dodrop usgepack. Do log no alles un wadte op et fottzorteere. Glich drop kom och der Pitter, fix un fädig angetrocke en de Köch. Voll Stolz beäugten de Bebbers ehre Son. Wat soh dä Jung got uus. Doch Wihmot premmten ehr de Bruß bei däm Gedanke, dat dä en singem Eigesenn vun ner Herot met däm

Schmalze Züff nit avzebränge wor. En die Rattepackfamilje, wie sollt dat got gon?

Dä Pitter hatt et jetz ärg ielig, em Vörbeigon schnappten hä sich dat wieße Packet un wor met nem koote ‚Adjüs' an der Döör eruus, su dat de Mutter kaum Zick hatt im zozerofe: Maach et got Jung un üvveriel nix!, wobei ehr paar Trone de Backen erav peckelte.

Dat muuzige Benemme vun ehrem Son hatt se doch jet metgenomme, doröm dät se sich en Amelang setze. Doch dann drängte se widder en de Arbeit. Dat wor de beste Millezing, för op and're Gedanke zo kumme. No woll se vun däm eeschte Rhabarber, dä se vum Maat metgebraht hatt, jet Kumpott maache. Se kunnt in ävver nit finge. „Lisa!", reef se en der Husflor erenn, „häß do dä Rabarber fottgedon? Hä eß en nem wieße Papeer engeweckelt." „Enä!", gov dat zor Antwoot, „ich han en de Köch nix angepack." „Ja, en Donnerletsch, wo soll dä dann hin sin?", wunderte sich die Husfrau. „Meer han doch kein Geis em Hus, die in gefresse hät?"

Wie se der Bleck noch ens rund gon leet, do soh se op nem Stohl ahl Zeidunge lige un wie se die ophevven dät, log e wieß Packet drunger. „Do han ich Jeck dä Rhabarber secher sälvs op dä Stohl gelaht", meinten se met Koppschöddele un packten us. Ävver do blevv ehr rack de Sproch fott, wie do statt ehrem Rabarber wunderschön Ruse eruskome. Dann reef se opgeräch: „Lisa! Komm doch ens flöck en de Köch!" Un wie dat dann gesprunge kom, stundt de Mutter met nem Struuß Blomen em Ärm do un säht: „Ich ben platt! Do woren doch en däm Papeer anstatt mingem Rabarber he die Ruse drenn."

Kaum hatt et Lisa die Ruse gesinn, do dät et eine Krih un schreite: „O jömmisch Nä! Do eß dä Pitter anstatt met singer dunkelrude Ruse, wovun hä evvens an einem Stöck gesummp hät, met dingem Rhabarber op Rett. Ne Blomestruuß vun Rhabarber, dat gitt et och nit alle Dag. Dat weed jo e nett Kreppche gevve."

Wie die Bebbers begreffe hatt, dat ehrem Pitter durch die Verwäßelung mänche Verdroß entston künnt, wood et ehr ganz benaut un se struddelte: „Wat maache mer dann do? Treck deer ne Mantel üvver un lauf, dat do in noch enkriß – vergeß die Blome nit – noch besser nemm en Tax – no stand doch nit su stiev – un dun doch jet!"

„Leev Mamm", säht et Lisa, „dat hät doch keine Zweck, dä muß doch ald do sin. Mer müsse jetz die Kar laufe loße wie se läuf."

„Ävver dä ärme Jung", jömerten de Bebbers.

„Dä ärme Jung?", antwode de Dochter. „Dä hät meer evvens zo verston gegevve, dat sing Saach uns ganix anging un hä Manns genog wör, för sich sälvs ze sorge. Un wä weiß, woför et got eß, dat im ens jet Verdreeßliches en de Quer kütt. Do soll hä ens zeige, wievill Mann an im dran eß. Un noch ein: Et künnt sin, dat hä sing ‚Sophia' un dat verdrüch Birrewiefge ens vun ner ganz ander Sick kenne leht."

„Künne mer dann söns ganix maache?", frogten de Mutter noch ens.

„Jetz nit!", säht drop et Lisa. „Ävver nohher, wann hä heimkütt, dann dürfe meer vun der Saach üvverhaup nit spreche. Sollt hä ävver sälvs dovun anfange, wäde ich allein im Räd un Antwoot ston. Do hälts dich ganz drus. Ich wäde im schon klor maache, dat nor hä durch singe Iggel dat Malörche sälvs schold eß."

Met flöcke Schrett wor dä Jungmann an dä Wonnung vun Schmalze angekumme, un op sing Bimmele maht die ahl Schmalze, e richtig söß Heu, de Döör op: „Och der Här Bebber, dat is aber nett, dat se uns wieder emal besüken komme tue", begrößten se der Pitter un maht dobei e Geseech wie en Aap, die fresche Banane kritt. „Dann komme se emal erein in et Wohnzimmer. Et Sophie wird auch gleich komme, dat is sich noch am Umtrecke. Dat hat nämlich heut de ganze Wohnung geputz un noch paar Eimer Klütten erauf geholt. Dat is ja so fleißig, wann die en dä Arbeit drin is, dann kann die kein Engk finge – ija – wo et eimal drin stich – da stich et auch drin – ija."

Dann zeigte se op dat Packet un frogte: „Da habe se sicher de Blume drin?"

„Ija", säht dä Freierschmann met Laache. „Dunkelrude Ruse för die schöne Frau."

„Dat habe se aber schön gesag", meinten dat Wedderhohn andächtig. „Da wird sich aber et Sophie freue. Dann will ich se auch gleich in der Küch in e schön Vasedüppen däue, söns verdrühen se zu flück un auch, dat et Sophie, wenn se se sieht, gleich ne Begriff bekömp, wat för en große Gefühle durch die herrliche Blume ihr von Haus zu Haus entgege schlage. In der Zeit könne se schon wat im Album bläddere. Da is et Sofia auch drin." Domet daut se im e deck Boch, wat met nem verschlesse Samp üvvertrocke wor, där.

Der Pitter maht och dat Album op, ävver flöck widder zo, denn hä wollt als Fründ vun Diere die Motte nit bei der Arbeit störe. Do dät hä doch leever jet vör sich hindräume un de Zokunf usmole, die im ganz en himmelblau entgäge leuchten dät. Su nevvenbei kloppten hä sich an beidse Ärme jet Dreck av un wunderte sich, dat im dat nit derheim opgefalle wor. Dat hä dä Dreck he en däm fresch geputzte Zemmer gekräge hatt, op dä Gedanke kom hä nit.

Grad stallt hä sich vör, wie dat Sofie sich üvver sing Ruse freuen dät, un ohne dat hä et woll, kom im widder sing Lieblingsmelodie op de Zung: Dunkelrude Ru.....ävver wigger kom hä nit. Vun nevvenan klung ne Schandal un e Schängen erüvver, wie wann mer dran wör, för et Huus avzerieße. Wie en Fedder flog dä opgeschreckte Dräumer huh als wann hä op ner Bomb gesessen hätt un klotzte met opgeresse Augen op die Döör, die och glich opgestoße wood. Wie en Furie kom en halvangetrocke Frauminsch erenn gefäg. De Hoore hingen im en Zibbele un Böschele öm der Kopp eröm un et Geseech wor met Färv beklätsch wie dä Putzlappe vun nem Möler. En Vugelscheuch, durch de Sod getrocke, kunnt nit schlemmer ussinn. Dobei krihten un schreiten dat Irmche en de hühkste Tön un schmeß däm ärme Käl die Schängwööder glich püngelewieß en die Visaasch. Dat hagelte nor esu:

„Do dreckige Müllemmer – do stinkige Limburger – do verdrüch Knochegerämsch – met su nem unschöldige Mädche der Jeck ze maache – do hingerlestige Duckmüser – do klapprige Ääzenbär – en de Blech gehööschs do, dat deer die Sprigitzger vergon – do fuckagige Pann Ädäppel...“ Su gingk et wigger wie op der Kirmes de Orgel.

Dä Pitter stundt do, wie am Boddem faßgenält. Sage kunnt hä nix. Hä woll noch immer nit gläuve, dat he die Zantip sing Sofie sin sollt, dat Mädche, dat im su leev gewäs wor, dat hä alles för it hingegevve hätt. Wat för e Spill hatten se he met im gedrevve? Weil dä Pitter gar kein Anstalte maht, för sich ze wehre, wood die Fäg ald immer wödiger. Jetz schlog se met däm Rhabarber, dä se de ganze Zick en de Häng hatt, op die Standfigor en, un die Schängwööder woodten ald immer gewöhnlicher.

Dä Kamesölte kräch ne rude Kopp un der Äkel kom im huh. No hoht hä noch die ahl Schmalze, die wie de Hex em Knusperhüsge, am Döörrahme nit erus gekumme wor, hetze un kieve: „Schmieß in doch de Trapp erav, date der Hals zerbrich, die dreckige Krat. Dat dä uns kenne lehrt, wie mer met anständige Bürgerschlück ömgon muß."

Do sohch hä rut. Met fastem Greff schnappten hä sich die Geffnudel, die noch immer op in enschlog, hov se huh un schmeß se wie e Sofakesse meddsen en dä Döörrahme, direck op die ahl Schratel, su dat op eimol veer Fraulücksbein huh en de Looch stippte. Dobei säht hä nor ei Woot: „Gesocks!"

Eh die zwei sich opgereech hatte, wor hä ald op der Stroß un dötzte op der Rhing an un leef bes noh Rudekirche un widder öm. Do hatt hä die Rauh em Liev, dat hä en ner kölsche Weetschaff sich paar Gläs'cher Kölsch un jet för ze müffele hinger de Bind schlage kunnt. An däm Ovend kom dä Pitter spät noh Hus. Ävver och en der nökste Zick wood vun däm Fall ‚Schmalz' nit gesproche. Eesch am Huhzicksdag met nem wirklich prächtige Mädche, do gov dä Brätigam sing verunglöckte Brautschau zom Beste. Wie hä dat maht, dat wor schon en löstige Saach.

Doch et Lisa hatt ald domols ungefähr gewoß, wat passeet wor, et hatt unger dem Krage vum Pitter singem Rock paar Stöcker vun däm Rhabarber gefunge.

Gedeechte

De Prädig

Däm Här Pastor gingk et ärg noh,
Wenn hä sing Boore su suffe soh.
Su bal hä kunnt, dät hä se sich schnappe
Un heelt en Prädig, die wor nit vun Pappe.
Wie e Gewedder gingk et nidder:
„Sitt ehr dann noch Christe? Heide sitt ehr.
Ehr doot jo suffe wie en Senk.
Bei üch do kritt mer noch de Kränk.
Wer su wie ehr su off eß knöll,
Dä eß om Wäg tireck zor Höll.
Maht nor su wigger, dann, kann ich üch sage,
Hätt üch der Deuvel flöck mem Krage.
Wenn ehr blos wößt, wat för e Geff
Ehr do eravschleckt en örem Drevv.
Dät ehr dat Sauzüg richtig kenne,
Ehr wödt bestemmp nit räuig penne.
An einem Beispill vun de Deere
Well ich üch dat ens explezeere.
Doot ens ne Worm en'e Glas erenn,
Wo söns nix als wie Wasser drenn,
Dann wädt ehr sinn, dat deit im wohl,
Weil Wasser keine Alkohol.
Im deit dorenn kein Unheil dräue,
Hä darf sich fruh des Levvens freue.
No nemmt statt Wasser ens Schabau!
O jömmich nä, wie weed im flau!
Hä sprattelt jet en singer Nut,
Et doot nit lang – un hä eß dut.
Su hinderlestig eß dat Züg.
Un wenn et och got schmeck un rüch,
Ich roden üch – loßt dovun av,
Söns geit et flöck – der Berg erav."
Dat wor en Prädig, die schlog op der Mage.

Die Boore kunnte rack nix mih sage.
Se sohche jo selvs, dä Här hatt rääch,
Denn off wor och inne gewoden et schlääch.
Su kom et, se däten et Weetshuus scheue,
Un unse Pastor, dä kunnt sich freue.
Hä sohch och nit einer, dä waggelich dät gon.
Dat hatt bestemmp sing Prädig gedon.
No wor do dä Köbes, ne prächtige Poosch,
Dä drunk nie eine üvver der Doosch.
Met Beer un met Schnäpsger kunnt mer in jage.
Hä hatt, wie mer säht, ne ping'lige Mage.
Dröm dät der Pastor singe Auge nit traue,
Dat grad dä Köbes dernevve dät haue.
Denn wie dä kom geschöckelt doher,
Sohch glich hä, dat dä hatt gelade schwer.
„No hör ens", saht wödig dä Goddesmann,
„Wie küß nor do an dat Drinke dann?
Un dat grad jitz, do mißrode Son?
Do häß do doch söns nix dran gedon."
„Och leeven Här", saht dä dorop,
„Rägt üch deswäge nit su op.
Wenn ehr blos wößt – wie et mer eß schlääch.
Doch weiß ich keine and're Wäg.
Denn hö't! Un jitz wäd ehr wal lore:
Ich han ne Bandworm schon zick Johre.
Dä kraut mich üvver alle Moße
Un well sich nit verdrieve loße.
No hat ehr do doch vör zwei Woche
Vun däm Worm em Schabau gesproche,
Wie dä dorenn dät glich krepeere.
Dat well mem Bandworm ich probeere.
Dröm schlecken ich jitz dä Schabau,
Un weed et mer dobei och flau,
Meer eß et egal – jitz muß hä fott,
Ich suffe – bis hä eß kapott."

De Kaffemüll

Wat eß dat för ne Krach un e Rofe?
De Familje Schmitz, die hätt sich verschlofe.
Et eß de hühkste Zick,
Se schlage bal de Jick.
Däm Vatter Schmitz för Hatz
Et Underhembche platz,
Et schängk un kühmp si Griet,
Weil et de Strümp verdriht.
Dat Schängche, dä kleine Nixnotz,
Sök widder noh singer Botz.
Nor et Nettche eß aläät,
Im eß et nit zo spät.
Allein kann et Griet et nit schaffe.
„Dä! Mahl do ald ens Kaffe."
Su säht et för singe Mann,
Dä driht, wat hä drihe kann.
Doch wie hä och ropp un trick,
Dä Schwengel geit nit wick.
Hä denk: „Wat eß dann los?"
Un lort ens en et Schohs.
Dat Griet süht, wie hä hanteet,
Glich hätt et de Mul geschmeet:
„Sag hör, do verdrüchte Penn,
Do schliefs meer wahrhaftig noch en."
Schwapp! Rieß die Müll et im fott,
Driht sälvs, als hätt et Akood.
Et stemmp sich vör de Wand,
Do flüg im d'r Schwengel us der Hand.
„Die Müll, wat eß met däm Oos?"
Su platz et do hetzig los.
„Die geit jo ganit rund,
Dat es meer doch zo bunt."
Un wie et die Müll mäht op,

Do pack et sich mem Kopp
Un schreit: „Minge Rusekranz,
Dat Schängche, dä fiese Panz,
Dä hät dat widder gedon.
Komm her, dat ich dich doför zerschlon.
Met su en hellige Saache
Su'n Nixnötzigkeite zo maache."
Do säht dä Tünn do drop;
„Räg dich doch nit su op.
Su schlemm et nit sin weed,
Et eß doch nix passeet."
„Nit schlemm?" reef do sing Frau,
„Nix passeet, lor ens genau."
Em hühkste Ton se dorop kriht:
„Drei Vaterunser sin ald durchgedriht."

Heiß un kalt

Dat Griet, dat wor en boore Mäd,
Dat bei de Doktersch deenen dät.
Arbeide kunnt et wie en Deer,
Doch Dommheit wor sing größte Zeer.
Un woß et ens nit rääch Bescheid,
Dann sook et Rot beim Adelheid,
Weil dat schon Johren en d'r Stadt
Un doröm vill Erfahrung hatt.
Su säht et Griet: „Wann ich muß bade
Dat Dockterschköngk, dann soll ich wade,
Bis dat et Wasser för et Bad
Hätt evvens 38 Grad.
Ich kumme nit dermöt zewääsch,
Ich hänn dat Köngk esu gefääsch,
Wann ich jitz nor dat Eene wöß,
Ov och dat Wasser richtig öß."
„Do kanns deer ävver do jet kalle",
Leeß dat Adeel sing Mul erschalle,
„Wat mäß do dann do lang parat,
Dat mäht mer op eenfache Aat.
Häß do et Wasser för et Bad,
Dann nömm et Köngk deer möt d'r Schwadt
Un däu et dreimol feste drenn.
Donoh kanns do beim Köngk drop senn:
Wierd et ganz rut an Been un Ärm
Dann öß et Wasser vill zo wärm.
Doch wierd et hönge gääl un bloo,
Dann schöttste noch jet heißer noh."

De leddere Botz

Bei de Schmitze ehr Junge, däm Fritz un däm
Hein,
Do gov et kein Botz, die se nit kräche klein.
Dat mag der leeve Himmel wesse,
Wat die an Botze han zerresse.
Un woren se morgens noch su adrett,
Des ovends, wenn et dann heesch en et Bett,
Dann sohchen se wie de Ferke us,
Un et Hemb lorte hinger stöckwies erus.
Doch eines Dags hät de Schmitze gesaht:
„Ehr kritt jitz Botze vun Ledder gemaht.
Die wäde wal halde et Levve lang.
Dat ehr die kapott kritt, do ben ich nit bang."
Der eeschten Dag, dä wor am Engk,
De Mamm die Botze nohm en de Häng
Un griemelte stellches vör sich hin.
Jitz wööd se wal kein Löcher mih sinn.
Doch do – die Auge wodten ehr stief,
Ehr leef ne Schudder üvver der Liev,
Un immer widder lorte se hin,
Doch kunnt se em Ledder nor Löcher sinn.
Glich schnappte se sich die Zwei op der Stell
Un schwadte inne gehörig et Fell.
Als se en Pus maht zweschen dem Schänge,
Se jappte: „Wie kunnt ehr dat fädig bränge?"
Do säht ganz jömerisch der Hein:
„Do häß gesaht, die kräg keiner klein.
Dröm hät sich einer op der Schliefstein gesatz,
Dä andre hät gedriht – bis die Botz eß geplatz."

De verfresse Mäd

Ne Amerikaner sook en Mäd,
Un kom su an et Bell.
Natörlich wor dovun de Räd,
Wat it verdeene well.
Dat Bell bedaach sich ganit lang:
„Des Morgens, eh ich fangen an,
Dat eß no eimol minge Hang,
Muß ich paar Schinkebrütcher han.
Öm Nüng et eeschte Fröhstöck kütt,
Paar Remmele Brut met Kies.
Got eß ne Hirring us der Bütt,
Ich mag och gän Zizies.
Öm 11 Ohr krige ich en Zupp
Met Ei un Greven drenn.
Un wenn ich die dann han geschlupp,
Han ich genog bis Ein.
Drop han ich gän zom Meddagsdesch
Ädäppel un Gemös,
E Schnitzel, Kalvsbrode ov Fesch,
Am Engk dann noch jet Söß.
Beim Kaffe schwärmen ich för Taat,
Och för Konditersaache.
An godem Weck op boore Aat
Do kann ich mich vermaache.
Ich esse Ovend öm 6 Ohr
Met Beer un deck Belag.
Un dann als Luhn – – do nemmen ich nor
10 Mark der ganzen Dag."
Dä Ami dät sich eesch ens kratze
Un frogte: „Lady, you mich sag,
Wat muß ich tuen ihnen latzen,
Wann du you fress de ganze Dag?"

De Feuerwehr vun Rappelsdörp

Beim Batschen Dores brennt de Schör.
Vun wick un breit sin för dat Fäör
De Feuerwehre angeraß
Un nemme sich dat Fäör mem Fraß.
Dat eß e Schreie un e Flitze,
Us alle Rühre dun se spritze.
Nor die vun Rappelsdörp, die Wehr
Steit räuig do, Foß bei Gewehr.
E sujet fällt natörlich op,
Die Boore föhlen sich gefopp.
Se brölle weld: „Ehr fuule Fött,
Woröm doot ehr dann he nit mött?“
Do säht räuig der Kommandant:
„Mer goon genau no'm Regelemant.
Us Löschrevier lööf he gaanz noh,
Dauch he dä Braand hürt nit derzo.“

Ne Rechenfähler

De Tant Marie vum Greechemaat,
Die hat der Welt Adjüs gesaht.
Et Huus, un wat dorenn vun Saache,
Dät se dem Broder Tünn vermaache.
Wie dä sing Ervschaff ens beschmorte
Un dobei op de Läuv och lorte,
Sohch hä do lige nix wie Plunder.
Hä säht: „Dä kütt meer all erunder.“
Weil hä no wor ne Mann der Tat,
Hät hä domet nit lang gewadt.
Rock us, de Mauen eropgesträuf,
Su krosten hä bal op d'r Läuv.
Beim Arbeide gov hä och kund,
Dat hä vun Technik jet verstundt.
Bung an ne Balke faß e Rad
Un hät e Zogseil dröm gelaht.
D'ran hookten hä no Deil för Deil,
Trok dann vun unger an däm Seil
Un leet erunder ohne Möh
Dä ganze Brassel pö a pö.
No stundt do och ne schwere Schrank,
Zwor schon jet waggelich un krank,
Doch weil hä wor vun eige Aat,
Wor hä för Brandholz noch zo schad.
Dä Tünn dät en de Häng ens späue
Un in no hin zom Finster däue.
Hä bung in faß un dät in stippe,
Dat, wenn am Seil hä trook, kunnt kippe.
Wie hä sich dann en Pief gestopp,
Gingk hä erav, lorten erop,
Dät feste an dem Seil ens wippe,
Un sohch och glich dä Schrank ömkippe.
Dä Tünn dä meinten, hä wör stärk,

Doch wat jitz kom, wor Düvelswerk.
Ruck zuck, zuck ruck und – Peng!
Schon wor die Saach am Engk.
Wie'n Bomb dä Schrank sausten hernidder.
Der Tünn dergege flitzte widder
Noh bovve – denn hä heelt et Seil.
Hä daach – Halt faß! Et eß ding Heil.
Un paaf – knallten hä met dem Kopp
Gägen dä Pol – dä heelt in op.
Et gingk bis en der decke Zieh,
Su dät der Däts im wieh.
Dä Schrank, dä kunnt nit üvverdoore
Dä Fall – hä hatt dobei verlore
De Dürre un et Ovverdeil,
Dröm jöckten wie en Donnerkeil
Dä Reß erop – dä Tünn erav,
Un widder gov et bovve – Paaf!
De Stöcker spritzte weld eröm.
Do unge – däm ärme Zömelöm,
Däm flog et Schrankschoß met Genoß
Met 120 op die Nohs.
Un wie jitz noch et Seil kom noh,
Do wor vum Tünn rack nix mih do.
Wie dat Malörche wor vörbei,
Maht hä sich eesch möhsillig frei
Un dät dodrop op alle Fälle
Ens Stöck för Stöck sing Knoche zälle.
Hä wor verkratz wie met der Riev.
Doch söns, do wor hä heil am Liev.
No äugten hä ens höösch erop.
Et wollt im ganit en der Kopp,
Dat do ne Fehler bei dä Saach.
Hä hatt doch Alles got bedaach.
Doch spört' hä am verschrammte Fell,
De Rechnung hatt en wunde Stell.

De Strunzbröder

De Metzgerspooschte Henn und Fritz,
De trofen sich noh langer Zick.
Bei nem Glas Kölsch verzallten se jitz,
Wo se gewäs su wick.
Dat plätscherte en einer Räd,
De Muul, die blevv kaum ston,
Un wann ens Einer stocken dät,
Leeß dä And're se widder gon.
Un jeder dät op singer Rötsch
Et mehschte sinn un höre.
De Wohrheit kräg do mänche Blötsch,
Die Zwei dät dat nit störe.
„En Dänemark", su säht der Henn,
„Do hatte meer ein Maschin,
Do schmesst'e Ferke op eimol drenn,
Dann kunns do unger sinn
De Wöösch, die kome en Reih und Glidd,
Wie de Zaldate erus,
Bis dat dat Ferke durchgedriht,
Su gingk dat ohne Pus."
Do reef dä Fritz: „Die kenne meer,
Dat sin schon ganz ahl Saache.
Jitz well ich ens verzälle deer,
Wat uns Maschin kunnt maache.
Et kom schon vör, wann durchgedriht
De Ferkeswoosch wor schläch,
Dat lett dann minge Meister nit.
Domet et däm dann räch,
Schwupp! Worf ich flöck et Rad eröm
Un maht e paar Klappe zo.
Drop driht ich Alles widder öm,
Un et Ferke – wor widder do."

Dä langen Hals

Em Zoo eß bellige Sonndag hück,
Mer süht mänch' selde Gäß.
Su schlendern unger all dä Lück
Dä Miebes un dä Kreß.
Se dötze genöglich ohne Haß,
Beloren sich et Gnu.
Se födere dä Aapebaas,
Zänke dä Marabu.
Jitz ston se ald en ganze Wiel
Vör dä große Giraff.
Dä Kreß, dä säht: „En Donnerkiel!"
Och dä Miebes eß paff.
Doch bal hät unse Kreß et satt,
Un well no wigger gon.
Wie hä no op dä Miebes wadt,
Bliev dä noch immer ston.
Do säht dä Kreß: „Wat lors do noch,
Wat häß do blos, do Kalv?"
Dä säht met deefem Odemzoch:
„Dä Hals – un dann en Halv."

Dä Vegetarier

Dä Spruuten Henn wor en der Stroß
Als Vegetarier bekannt.
Weil hä vun Fleisch rein ganix oß,
Wood hä och Geis genannt.
Wie eines Dags et Luuschhohns Sting
Ganz höösch in visiteete,
Hatt hä om Desch gebrode Kning,
Wodran hä schnabbeleete.
„Ija“, säht et Sting, „wat eß dann dat?
Schmeck deer et Gröns nit mih?
Ich muhs schon sagen: Ich ben platt.
Do beß mer ävver ne Zieh.”
„Jet lantsam!“ meinten drop dä Henn,
„Loß dich eesch ens beleere.
Woröm ich Fleisch am esse ben,
Well ich deer explezeere.
Ich hatt geplant em Gade Schlot,
Wodrop ich ärg versesse.
Doch bal ich konstanteere moot,
E Kning hatt et gefresse.
Modzacker! packten mich de Wot,
Dat Schinnoos moot ich han.
Un et hät och nit lang gedoort,
Wor it en minger Pann.
Un süch! Ich well jo nor mi Rääch,
It hätt mi Schlot gefresse.
Domet et geit no singe Wäg,
Dun ich dat Kning jitz esse.

Immer möd

Hä hatt de Arbeit nit erfunge,
Dä Jupp vum Greechemaat.
Et wor im off genog gelunge,
Zo dröcke sich op eige Aat.
Su moot hä ens om Land als Knäch
Ädäppele usmaache.
Dat wor däm Jupp no ganit räch.
Hä daach: Däut meer der Naache.
Zehn Strüch, die hatt hä usgemaht,
Do wor hä et ald satt,
Hät singem Halfe opgewadt
Un dann för dä gesaht:
„De Arbeit rümp bei meer he schläch,
He ben ich för de Katz.
Am Beste fingk dä sich zoräch,
dä d' Ädäppel gesatz.
Op dä do künnt ehr üch verloße,
Denn dä verdeit sich nit.
Dä bruch nit lang eröm zo krose,
Dä weiß, wo jede Ädappel litt."

Op dä Ihserbahn

Dä Zoch steit parat för erus zo fahre,
En d'r Eck setze zwei Häre un schmore Zigare,
Gägenüvver sitz de pingelige Frau Knipp,
Die huhnäsig de Nas en de Luff erenn stipp.
Dä Qualm vun däm Rauche eß ihr nit räch,
Dröm wödig se nohm Finster fäg.
Se schnapp sich dä Schaffner un deit zo däm
sage:
„Darf mer hier rauche in dem Wage?"
„Och", meint dä, „wenn't dä Häre räch,
Dann künnt ehr schmore, bis dat et üch
schläch."

De Kölsche Prümm

On parle français

Op der Huhstroß stonn de Minsche ze Haufe.
Et kummen ald immer mih gelaufe.
Wat eß blos loß, wat eß passeet?
Ne Fohrmann hät verkeht rangeet,
Su dat dat Päd met singem Engk
Durch et Finster en nem Lade hängk.
Der Minsche kummen ald immer mih,
De letzte stellen sich op de Zieh.
Un ne Franzos, dä nix kann sinn,
Driht sich zo singem Nohber hin
Un frog: „Monsieur, Mallör? Wat is?
So ville Leut, warum sein dies?“
Die kölsche Prümm eß eesch verläge,
Doch dann deit sich sing Mul bewäge.
Voll Stolz hört mer in schwade:
„La Päd, la Fott, la Lade.“

Die vier Jahreszeiten

Der Frühling

Tari! Tara! der Lenz ist da.
Es reget sich in der Natur,
über das Feld da talp der Buur,
Die Vögel fifafleuten,
Es rehnt aus allen Teuten.
Das Huhn, es wird zur Klucke
Un will sich niederhucke.
Die Frauen in dem Hause
Fegen den Schmutz hinause.
Beim Menschen zieht die Liebe ein,
Man sieht ihn jetz nur noch zu Zwei'n.
Und soll ich Euch sagen, wie das geschah:
Der Lenz ist da.

Der Sommer

Hoch steht die Sonn am Firmament,
Die Erde dampft, es glast die Luft.
Die Menschheit badet oder pennt,
Lutscht Eis und sufft.
Des Morgens ist es früh schon hell.
Des Abends ist verbrannt das Fell.
Es reifen dicke Bohnen
In glühendheißen Soonen.
Vom Walde rufts: „Komm heer! Komm heer!
Es ist Sommeer."

Der Herbst

Letztes Bad im Grünen,
Stern'ge Astern blühnen.
Gelbe Blätter fallen
Middsen in die Kallen.
In dem Wald die Hirsche röhren,
Überreif sind Brommelböören.
Sturmeswetter dräuen.
Letzte Pflaumen bläuen.
Hoch über den Hügel
Fliegen Pattevügel.
Es ist Herbst,
Alles sterbst.

Der Winter

Nordsturm sauset durch das Land,
Und der Fuhrpark streuet Sand.
Leis der Schnee herniederrieselt
Und es rieselt und es fieselt.
In dem Wald und in den Büschen
Sitzen hungrig arme Müschen.
Männer schleppen ohn Ermüden
Bis zur Läuv hinauf die Klüten.
Hin und her schlägt man mit Ärmen,
Unterhosen helfen wärmen.
O! das ist die Zeit des Zitterns,
Emsigen Wacholderquittelns.
Öfter fällt man auf den Hintern.
Es tut wintern.

Em Verkehr

Der Neeres op der Breitstroß steit,
De Autos lans in flitze.
Do süht hä, wie dat off su geit,
Do drüvve ston de Schmitze.

Dä Schmitze Jupp, dä röf im zo:
„Neeres, op wat för 'n Aat
Koms do vun he op ding Sick do?
Wie häß do dat gemaht?"

„Ja", säht dä, „wenn chr he hin wollt,
Dann sitt ehr zo bedoore!
Dat ich he ben, ben ich nit schold,
Ich ben doch he gebore."

Der Reiher un der Öl

Fröh am Morge steit am Weiher
Hungrig op der Loor ne Reiher,
Un hä hoff, dat hä kann schnappe
Su ne däft'ge Fröhstöckshappe.

Eesch well im ne Fang nit glöcke,
Lästig danze öm in Möcke.
Doch knottert singe Buch rebellisch,
Weil ald längs en Mohlzick fällig.

Do! – Et Schilf deit sich bewäge,
Un et kütt erus ze fäge
Jetz ne Öl, – schingk nit ze wesse,
Dat mer wadt, – för in ze fresse.

Stief – wie en Latz – dä Reiher steit.
Dann me'm Schnabel zo hä schleit.
Huh! Dä Öl wirbelt en der Looch
Zo dem eeschte un letzte Flog.

Dä Jäger freut sich üvver su en Koß,
Däut glich erav se en der Stroß.
Wie sich dä Öl dann widderfingk,
Eß hä em Düster un et stink.

Dä Vugel tratsch no us däm Pohl,
Strich sich der Buch, et eß im wohl.
Hück bruch hä nit mih ze sorge,
Denn dat Foder reck bes Morge.

Doch dodrenne deit et wibbele,
Jetz am Stätz spört hä jet kribbele,
Och weed et dohinger su köhl,
Wie kütt hä nor an dat Geföhl?

Voll Neugeer loort hä ens zoröck.
Wat hä do süht – eß e stärk Stöck.

Do letsch doch singe gode Fraß
Quitschvergnög durch et huhe Gras.

Met drei Schrett hät hä – – Zick Zack,
Dä Usrießer widder gepack.
Hä zwick un zwack im jet de Schwad
Un scheck in openeus op Faht.

Voll Zoverseech driht hä sich öm,
Do äug doch öm de Eck eröm
Dä Letschworm, dä sich höösch un stell
Zom zweite Mol verdröcke well.

Flöck geschnapp met dem Schlafittche,
Muß zoröck hä en et Kittche.
Un widder geit dä Öl op Reis.
Dä Wäg erus – – hä jetz jo weiß.

Nor well et im nit en der Kopp,
Dat nirgendwo e Leech leuch op.
Hä strengk sich an, saus wie ne Jeck,
Un bliev trotzdäm – – immer em Dreck.

Dä Vugel hatt die Saach bedaach.
Dann stellchens för sich hin gelaach.
Laht no dä Schnabel an dä Stätz,
Su, – – dat do moot eren dä Fetz.

Dä Öl, dä leef no immer rund,
Bes dat am Engk hä nit mih kunnt.
Dä Reiher klappert met Genoß:
„Do Oos! Mäs meer nit mih Verdroß."

De Wittfrau Möck

De Wittfrau Möck hätt gän Bescheid,
Wo ehre koot verstorve Henn
Sich opheel en der Iwigkeit.
Gingk hä zom Himmel enn?

Dröm frogten se dä Här Pastor,
Wat hä dät halde vun dä Saach.
Dä hämschten ens, strech sich et Hoor,
Säht äns dann met Bedaach:

„Ja, – – öhre Mann op Äde hätt
Et doch e beß'che doll gefleck.
Vum Himmel kann nit sin de Räd,
För in et noch nit reck.

Em Fägför böß hä av sing Schold
Bis dat sing Siel eß kniggewieß.
Sitt fruh, dat in nit hät geholt
Der Deuvel – – dat wör mies."

„Do leever Gott, – – dä ärmen Höösch!"
Jömert voll Leid die Möck.
„Künnt ich et nor – – wie ich et mööch,
Ich dät im helfe flöck.

Die Nut, – – dat hä do brenne muß
An einem Stöck en Qual un Fföör.
Köm hä nor an däm Loch eruus,
Ich göv noch jet doför."

Dä Pastor säht: „Dat künnt ehr han,
Wann ehr de Ärme gevve doot,
Offert et op för öhre Mann.
Dat kütt im dann zo got."

Die Frau och glich fünf Mark spendeet.
Noch öfters en däm selve Senn

Se mänche Grosche springe leet;
Et wor jo för der Henn.

Doch jedesmol stallt se die Frog,
Ov ehre Mann no jitz doför
Erlüs vun Älend un vun Plog
Endlich em Himmel wör.

Dat iwige Froge wodt däm Här
Lantsam jet lästig un hä daach:
„Ich gläuv die Möcks begrief jet schwer,
Well klären ehr die Saach.“

„Leev Frau“, säht hä, „no höt ens zo.
Vum Henn ich spreche bildlich jetz.
Dä eß halvwägs em Himmel no,
Doch fählt do noch et Letz.

Kopp, Häng un Liev – die sin befreit
Vum Fägeföör, doch met de Föß
Hä meddsen en dä Glot noch steit
Un su noch wigger böß.“

„Eß dat esu“, reef drop die Möck,
„Dann eß met mingem Gevve Schluß.
Et eß villeich för in e Glöck,
Wann hä kütt nit eruus.

Kahl Föß wor immer jo sie Leid,
Do nötzte kein wärm Schluffe.
Hä dät öfters wie nit gescheit,
Rack! en der Ovve kruffe.

Dröm loßt in ston, wo hä no steit.
Mag et och sin do noch su wöß.
De Haupsaach eß – hä han jitz deit
Ens endlich wärme Föß.“

Der Sonndagswing

Der Schmitz, dä hät ne Ramsch jemaat,
För bellich Jeld jekauf ne Wing.
Hä strunz: „Dat eß ne Sonndagswing,
Dä schmeck förwohr wie Taat.“

Zom Fründ säht hä: „Probeer ens Jupp,
Un schleck erav in met Bedaach.
Ich ben jeweß, et Hätz Deer laach,
Wann Do dä häß jeschlupp.“

Jenöchlich nimp dä Jupp en Prob.
Hä trick de Steen beim Käue kruus,
Un spetz de Mul grad wie en Mus.
Dä Schmitz wadt op e Lovv.

Doch weil Jedold dem janit litt,
Fröch hä jlich: „Eß jet met dem Drank?
Do mähs mer die Visaasch su lang,
Saach! Wat jefällt Deer nit?“

Dä Fründ, dä hämsch ens – – un fängk an:
„Suvill wie ich han faßjestallt,
Eß hä schön wärm un nit ze kalt,
Doch mööt jet Baumöl dran.“

„Baumöl an Wing? – Dat eß jo doll!“
Verdaddert knottert et der Schmitz.
„Wie küß Do dodrop, jecken Ditz?
Ich jläuv, Do beß ald voll?“

„Ja!“, meint dä Jupp un jriemelt lus,
„Och Ädäppel, jeschnibbelt fing,
Jehören en dä Sonndagswing.
Su mäht hä schon mih us.

Doch weil hä su noch eß zo laff,
Muß Peffer, Salz un Öllich dran,
Un jot jemengk kriß Do in dann
Als Äpelschlot erav!“

Der Foßballfränz

Schon wie dä Storch der Fränz gebraat,
Do soch mer ald sing Eigenaat.
Hä strampelte met Ärm un Bein
Bes im et Hembche vill ze klein.

Nohm in der Opa op der Schuß,
Dann kühmten dä: „Nä, wat en Buß!"
Drop trot dä Stropp met voller Wuch
Die ärm Oma vör der Buch.

Wie hä drei Johre hatt gepack,
Mänch Möbelstöck kräch do ne Knack.
Un met nem große Knäuel Gaan
Fingk hä et Foßballspille an.

Met sechs Johr op der Anreechbank
Die ganze Döppe wore krank.
Ädäppel trot hä durch de Stuvv
Bes se geschellt un halv gestuv.

Däm Speegel, dä bes jetz geläv
En de Visaasch hä eine kläv.
Un dät de Mamm och noch su schänge,
Dat kunnt nit us der Rauh in bränge.

Och wann hä dötzten üvver de Stroß:
Stein, Holz, rack Alles kräch ne Stoß.
Un selvs ne Köttel, wenn hä hatt,
Dä kräch ne Freiball vör die Schwad.

Am schönste wor en blecher Dos.
Dat wor, als wann der Deuvel loß.
Se höppte, kräch dann noch en Jing
Bes glöcklich se em Finster hing.

Zor Strof dorf jetz dä leeve Son
Met Bläckföß nor zom Spille gon.
Meer daach dobei ald met Genoß:
Mem Foßballspille eß jetz Schloß.

Doch dorte dat bei im nit lang,
Do trot hä eifach met der Spang,
bes dat hä sich verstuch der Zieh.
Wer sujet hät, weiß, dat deit wieh.

Als hä derheim kom angehöpp,
Gov et zoeesch ens öntlich Klöpp.
Dann heesch et: Do eß nix ze maache.
Dröm kaufte mer im Foßballsaache.

Dat wor en Freud för unse Fränz,
Wann hä jetz met dä andre Pänz
Wettspille kunnt noh singer Loß.
Mer kannt in en der ganze Stroß.

Bal spillten hä en nem Verein.
Hä kräch no Technik en de Bein
Un dribbele, dat dät dä Jung
Bes dat im wor verdrüch de Zung.

Ov Rähn, ov Schnei, ov Sturm, ov Sonn:
Mer sohch dä Fränz zom Spille gon.
Wann hä su wöhlten en dem Dreck,
Säht hä off selvs: Wat bes do jeck!

Kräch hä beim Spille ene Trott,
Wood unse Fränz eesch richtig kott.
Hä höppte, schant un kühmp: „Auwih!“
Doch laufe dät hä jetz noch mih.

Dä Ball leet hä nit mih vum Foß.
Hä wöhlt sich durch, dann nohm hä Moß.

Vergesse wor jetz Schmätz un Ping,
Dat Ledder en däm Kaste hing.

Dä Fränz, dä trot noch mänches Tor,
Un wann hä ens e Spill verlor,
Dann woodte met dä Spillgenosse
Die Tore an der Thek geschosse.

Doch langsam kom dä Fränz bei Johre.
En Plaat eß do, wo söns de Hoore.
Dä Buch, dä stipp im jetz erus,
De Luff, die geit im öftersch us.

Jetz spillt hä nor noch met ahl Häre,
Un dat sin Käls, grad wie de Bäre.
Zwor geit et nit wie söns su flöck,
Doch öntlich weed dä Ball verjöck.

Der Sonndag eß im för de Katz,
Süht hä kei Foßballspill om Platz.
Do steit hä dann als decken Här
En Stund vörher an der Bajär.

Beim Spill mer dann ne Schimmer kritt,
Wie Foßball im am Hätze litt.
Hä dirijeet dat janze Spill,
Doch stört mer sich doran nit vill.

„Hopp – Tempo – Linie – Flanke – Schuß!"
Kütt im et an der Mul erus.
„Dä schöne Ball hät dä versaut!
Dä hätt ich met der Kapp gehaut!"

Doch hängk dä Ball dann ens em Netz,
Dann bröllt hä „Tor!" us vollem Hätz.
Vör Freud hä dann noch strunzen deit,
„Nix üvver he uns Junge geit!"

Su eß der Fränz, su sin se All,
Die alt gewoode met däm Ball.
Wat inne och et Levve gitt:
Dä Foßball weed vergesse nit.

Krimi op der Kägelbahn

Dä Kägelovend eß am Engk.
Se ston am Wäschdesch för de Häng
Ze schrubbe rein vun Dreck un Schweiß.
Denn – Zackerjü! – Hück wor et heiß.

Die Seif, die geit vun Hand zo Hand,
Derzwesche weed geuuz, geschant.
Bei all däm Bier, wat mer geschlupp,
Dat Klaafe ganz besondersch flupp.

„En Donnerkiel! Wat rüch dat he?“
Schängk hetzig jetz dä Holzwurm Klee,
„He eß en Looch, mer weed bal flau
Als wör em Stall mer vun ner Sau.”

Dä Schmitze Jupp, dä flich im bei.
„Dat eß förwohr en Biesterei!
Su schlemm roch et doch evvens nit,
Ich wöß ens gän, woran dat litt?“

Et dort nit lang un dat Geläásch
Met Schnuve durch de Gägend fäg.
Üvverall, do weed geroche
Un de Nas eren gestoche.

„Dat Handdoch he, dat eß der Grund“,
Schreit op jetz einer us der Rund.
Hä schwenk dat Doch grad wie en Fahn.
Un liet die And're rüchen dran.

No weed dä Weet eran geholt.
Doch dä strigg af, dat hä wör schold,
Denn hä dät grad an disem Morge
Selvs e fresch Handdoch he besorge.

„Och he die Seif, die eß nix wät“,
Muuzig dä Jupp ne Enworf mäht,

„Do kann mer rieve ohne Pus
Et kütt doch nix vun Schuum erus.“

Wie hä noch jet vun kniestig säht,
Do eß dä Bierbaas glich om Päd.
Hä schängk un bröllt grad wie en Rav,
Knallt zo de Dör met einem Paf.

Do misch sich en dä Webers Deck.
Hä eß bekannt als Krimijeck.
Wie mer vun der Seif gesproche,
Hät hä glich en Spor geroche.

Voll Zwiefel nimp hä sich dat Stöck,
Driht et eröm, widder zoröck.
Hä kratz ens dran un hält et huh
Bes an des Nas – un dann em Nu

Zeig hä e Griem’le em Geseech.
Et eß, als gingk im op e Leech.
Die Kudegat, die spetz et Ohr
Un denk bei sich, wat hät hä nor?

Se bruche och nit lang ze wade,
Bes dat dä Deck fängk an ze schwade:
„Et hät uns einer angeschmeet,
Denn wat als Seif ehr vör üch seht,

Hät ne Filu eesch got gedrüch,
Domet et och schön hatt dat Züch.
Drop fein op Moß parat gemaht
Un stell als Seif hehin gelaht.

Wat ich Üch no noch sage kann,
Womet mer uns gewäsche han,
Dat Sauzüch, dat he stink su fies,
Dat eß gedrüchte. – Limburger Kies.“

Vatterunser

Leeve Herrjott, hellich ess Dinge Name.
Vum Himmel us rejeers Do et janze Weltall
noh Dingem Welle.
Wie ne Vatter sorgs Do för de Minschheit,
die he op der Äd Di Rich erwaden deit.
Vill Nut ess en der Welt, dröm bedde mer:
maach doch, dat keine Minsch mih muss
Hunger ligge.
Nemm vun uns alle Sündeschold,
domet och jederein ess jnädich de eije
Schöldner.
Helf Do uns, dat meer alle Versökunge
widderstonn,
un halt alles vun uns fähn, wat unsem
iwije Heil schade künnt.

Amen.

Büttenreden
Zwiegespräche
Einakter

Et Luisge

Ich ben et Luisge vun Schmitze.

O jo, ich ben vun urahlem kölsche Adel.

Zwei Bröder vun meer spreche fass nor durch de Nas, un wenn minge große Broder Hein gebox hät, kann mer däm et adelige blaue Bloot rundseröm öm beidse Auge sinn.

Mi Vatter säht, och ich wör Rasse.

Do han ich met däm singer Pief vörige Woch Seifeblose gemaht, un en singer Bierkann han ich minge Laubfrosch schwemme geloße.

Hät dä do e Schandal gemaht un gebrollt: „Do kanns einer noch weld maache."

„Och", sagen ich, „kann ich dat wirklich? Wat muß ich dann doför dunn? Ich möch dich jo su gähn ens weld sinn."

För sing Puute däht hä jo, wat hä kunnt. Dies Dag säht hä: „Wenn ich jo wöss, dat se dich met noh'm Mond nöhme, do däht ich noch jet derbei."

Et eß ne hätzensgoode Mann. Am Morge vun singem Namensdag säht hä: „Luisge, gevv dem Goldfesch un dem Kanalljevugel jet Grümele vum Streukoche. Ich well hück nor fruh Geseechter sinn."

Un do han mer dann ne Uusflog gemaht un en ner Weetschaff ze Meddag gegesse. Op eimol säht de Papp: „Woröm bröllt dann dä Jüpemann esu?" Ich sage: „Ich weiß et och nit. Ich han im doch nor vörgemaht, wie hä beim nökste Mol si Frikadellche esse muß."

Wie der Papp mem Kellner avgerechnet hatt, säht hä: „Luisge, mögs do dich för dat schöne Esse nit beim Herrgott bedanke?" Ich sage: „Woröm dat dann? Mer han doch sälvs bezahlt."

Ming Mamm, dat eß en Mutter! Wat meint ehr wal, wat die för ehr Kinder kämpf? Beim letzte Schlußverkauf hät die för sich allein drei Paketcher Heffpflaster verbruch.

Dobei hät se för mich e Hängemodellkleid för zwei Mark un fuffzig verramsch. Dat han mer Puute en de Ferie als Indianerzelt gebruch.

Un praktisch eß mi Mutter. Die käuf mer immer Schohn, die zwei Nummere zo groß sin. Se säht: „Wenn do en däm dolle Verkehr op der Stroß ens stolpers, dann kanns do us dä Schohn flöck dran eruus springe."

Se okuleet meer och immer ming Frisur op modern! Dann riev se meer der Kopp met Zuckerwasser en, mengk jet Gras drunger un liet dann die Hoore vun unser Geis avknabbere.

Gebild eß mi Mutter, die wor fünf Johr om Gymnasium – – – , wo se de Finstere geputz hät.

Mer han derheim och immer vill Besök – – – vun Lück, die en Rechnung bezahlt han welle. Ming Mamm säht: „Wenn mer jet vörstelle well, dann muß mer Scholde han."

Ich han och en Groß. Och, die han mer ald lang, die wor ald do, wie ich noch ganz klein wor. Vun der loße ich meer och immer der Levvertron gevve. Die ziddert su schön met der Hand, die hät gewöhnlich de Hälfte vum Levvertron geschlabbert.

Dies Dag wor uns Köbesge am jömere. „Och Groß", säht hä, „ich han en Kamell en de Muhl gedonn un ganz erav geschleck." „Dat eß doch nit schlemm", meinten de Groß, „die Kamell schmelz doch em Buch." „Dat eß et doch grad", quaatschten dä Klein, „ich hatt doch noch ganit dran gelötsch."

Däm Köbesge singe Lehrer säht, dä Jung wör e ganz opgeweck Kählche – – –, wenn et för noh Huus ze gon schelle däht.

Vörige Woch wor hä em Flor jet am söke. Ich sage: „Köbesge, häß do jet verlore?" „Ija", säht hä, „ne Grosche." Ich han met gesok. Endlich sagen ich: „Häß do dä och wirklich he verlore?" „Enä", antwodten hä, „druußen op der Trapp." Ich sagen: „Dann kanns do doch dä Grosche he nit finge, wenn do dä op der Trapp verlore häß." „Woröm dann nit?" säht hä, „he eß et doch vill heller wie do."

Ich han och en Tant, die eß esu dönn wie en verhungerte Telegrafestang. Ming Mamm säht och: „Die Tant Billa wehd ald immer dönner. Ov mer do nix gäge dunn kann?" „En doch", sagen ich, „mer künne för de Tant bedde. Ich han em Gebetboch e schön Gebet gefunge."

„Wat", säht ming Mamm, „e Gebet för de Tant? Wie heiß dat dann?" Ich sage: „He kanns do et sälvs lese, he steiht: Gebet bei anhaltender Dürre."

En de Ferie wore mer Puute bei der Tant Marie engelade. Wie mer ankome, säht se: „Su, Kinder, no doht ens esu, als wenn ehr derheim wört."

Ich sage: „Tant, eß deer dat ähnz, schmies do uns dann nit eruus?"

Wat meer do all erläv han, verzälle ich et nökste Mol.

Adschüss zesamme!

Tünnes

Eine Büttenrede

Nä, Nä! Wat hät mer met der Arbeit e Leid.

Ald Sonndags Naaks hät mer Alpdröcke un Mondags fröh spört mer glich – – – et well schläch Friedag Ovend wäde.

Un wo mer nit all drop oppasse muß.

Do eß de ‚Freizeitgestaltung', de gesetzliche Fierdäg, de Urlaubszick, de Vermögensbildung, de Betriebsfeiern, de soziale Vergünstigunge, de Arbeitszickverköhzung, de passende Termine för Krankmeldunge, – – – wie flöck hät mer do jet vergesse.

Un bei all däm soll mer och noch arbeide!

Gester han ich doch rakewäg der Fierovend verschlofe.

Wie ich hück an nem Ömbau vun ner Bäckerei Stein drage moot, sage ich för en ahl Frau: „Ja, Madam! Dat eß e hatt Brut:"

„Ja", säht die, „wann ehr mer dat jetz nit gesaht hätt, dat dat Brut wör, ich hätt verhaftig gemeint, et wöre Stein gewäse."

Minge Polier säht: „Sag hör ens, die Andere drage jedesmol zwei Stein un do eine – – – wat soll mer dozo sage?"

Ich sage: „Do kann mer et widder sinn, dat eß hück de Arbeitsmoral, die sin zo fuul, dat se zweimol gon."

Gester kom öm 4 Uhr ne Rentner un frogte: „Woröm stoht ehr he?"

Ich sage: „Mer waden op 5 Uhr."

Säht hä: „Wat eß dann öm 5 Uhr?"

Ich sage: „Fierovend!"

Dä Bäckermeister sok dise Meddag dä Klenze Miebes.

Ich sage: „Dä han ich grad en der Baubud gesinn."

Säht hä: „Wat deit dä dann do?"

Ich sage: „Dä fängk Fleege."

Meinten hä: „Söns nix?"

„Endoch", sagen ich, „av un zo och en Mott."

Eimol säht hä: „Wann mer üch su zoloort, do geit alles *suu* langsam, ömtrecke langsam, fröhstöcke langsam, bewäge langsam, arbeide langsam – – – jitt et dann ganix, wat bei üch flöck geit?"

„Endoch", sagen ich, „meer wäde flöck möd."

Beinoh hätt ich vörige Woch e prima Pößge gekräge: 200 Mark Wocheluhn, 4 Woche Urlaub un söns allerhands. Wie meer bal einig wore, säht dä Chef: „Sie sehen, was Ihnen geboten wird, dafür will ich aber auch etwas Ordentliches geleistet haben."

Ich sage: „Un do kutt ehr eesch jetz met? Ich hatt tireck en Ahnung, dat die Saach ne Hoke hatt."

Morgens beim Fröhstöck han ich jetz ald drei Woche lang immer nor Blootwoosch op der Botterramm. Ich sage för dä Schlappse Kreß: „Immer nor Blootwoosch, die kütt mer bal am Hals erus."

Do säht dä Kreß: „Do Jeck! Dann loß deer doch vun dinger Frau jet anderes op die Botterramm dun."

Ich sage: „Do häs got sage, ming Frau eß verreis, ich muß mer doch de Botterramme selvs maache."

Öm minge Weetschaffsetat uszogliche, han ich och ens gekellnert.

Do säht eine Gaß: „Heut ist die Riesenbockwurst ganit so lang wie sonst.“

Ich sage: „Die weed secher vun nem koote Ferke sin.“

Meint hä: „Und sie riecht auch so komisch und schmecken tut sie auch nicht.“

Ich sage: „Dann sitt doch ald fruh, dat se nit su lang eß.“

Nem ahle Knüver hatt ich en Fläsch Wing gebraht. Ich sage: „Wie schmeck dä Wing?“

Säht hä: „Do mööt noch ne Jutsch Baumöl dran.“

„Wat“, sagen ich; „Öl an der Wing?“

„Ija“, antwooten hä, „un noch ne schöne Schlootekopp derbei. Dat ganze got angemengk, su künnt mer dä Wing besser erav kriege.“

Ne ganz Ihlige woll meer an de Wimpere klimpere un resoneete: „Hier werde ich wohl verhungern müssen, bis ich bedient werde?“

Ich sage: „Dat weed wal nit müggelich sin. Öm ½ 1 Uhr weed bei uns alles erusgeschmesse.“

Domet ich och ens gewahr wodt, wie dat su eß, wenn mer met alle Schiks bedeent weed, ben ich met mingem Plünn en e fein Lokal esse gegange. Zoeesch die Zupp, die sohch esu lieblich us un loorte mich met ehre schön Fettäugelcher su treuhätzig an.

Ävver kaum hatt ich vun däm hinderlestige Drachegeschlämps ne öntlige Löffel voll geschlupp – do flog ich wie en Mondraket huh un daach verhaftig, meer wör der Botzeboddem fleege gegange.

„Ävver Mann!“ säht mih Täubche. „Wat mähs do dann? Benimm dich doch!“

Ich kunnt nor noch stoddere: „Öm Goddeswelle, Plünn. Blos! Blos! Nor einer hät sich gerett, – die andere sin all verbrannt.“

Hatt ich en Wot üvver dä heimdückige Anschlag. Un wie dä andere Krom kom, brollt ich en dat Lokal: „Ober! Eß he dä Schloot för zwei Mann?“

„Natürlich mein Herr“, säht hä, „ich habe zusammen für zwei Personen serviert.“

Ich sage: „Wann dat su is, – – – warum is dann in däm Schlaat nur eine Wurm drin?“

Vör drei Woche han mer derheim selvere Huhzick gefeet.

Wie ich dä Sonndag vörher nohm Fooßballspill gingk, säht mih Plünn opgebraht: „Üvver dinge verdötschte Fooßball vergiß do noch alles. Vöriges Johr häs do och eesch an dinge Huhzicksdag gedaach, wie ich drop gestosse han.“

Ich sage: „Ich hatt domols ald der ganzen Dag su e domm Geföhl en de Knoche un wie der FC 2 : 0 verlore hatt, do han ich deer doch tireck gesaht, wat dat för ne Unglöcksdag wor.“

Am Dag vör dem Feß säht mih Plünn: „Leeve Tünnemann, komm gevv mer fünef Mark, ich mög mich jet schön maache gon.“

Ich sage: „Dä! Häß do 20 Mark, met fünef Mark kann mer bei deer nit vill anfange.“

Alles wat räch eß, et wor en schön Huhzick. All woren se gekumme, der Kägelklub, der Gesangverein, der Kaninchenzuchtverein, de Feuerwehr, un öm ein Uhr kom och noch et Üvverfallkommando.

Och de Frau Krönzel wor do, der ehre Mann eesch drei Mond dut wor. Se säht: „Ich dät jo gän danze, ävver ich ben jo noch en Truur.“

„Wat heisch dat dann“, säht mih Plünn, „dann doht ganz langsam danze. Langsam danze eß och getruurt.“

Un all die Geschenke! Dä Miebes hät en Klosettböösch geschenk. Ich han im ävver späder gesaht, meer wollten doch levver widder Papier gebruche.

Am andere Dag han meer am Stammdesch unger uns Männer wigger gefeet, un dä Miebes hät mich heimgebraht.

Et wor ald ärg fröh an der Zick, un weil mi Ehegespons jet gägen Spätheimkehrer hät, han ich mich unger an der Trapp usgetrocke, de Kleider schön op der Ärm gehange, de Schohn vörsichtig en die ein Hand genomme un met der andere Hand am Geländer trook ich mich höösch, Fößge för Fößge de Trapp erop. Endlich wor ich bovve. – –

Un do reef ne Schaffner: „D-Zug nach Münschen – Türen schließen – Zug fährt sofort ab!“ – un ich stundt om Bahnsteig 3.

Wenn ich nor dran denke, muß ich meer eine op de Lamp schödde. Un dat dun ich jetz.

Adjüs zosamme!

Der Ervonkel

Drück: Nä, nä, wat ben ich nerviös. Ich kann kaum en Aug zodunn un et beste Esse schmeck mer nit mih. Wenn blos die Ervschaff vun dem Ohm Pitter bahl ens an Land köm.

Tünnes: Och mir schmeck et noch ganz got. Dat heiß, ich künnt die Penninge och got gebruche.

Drück: Un wat die do noch för ne Quatsch doher maache, do schrieven die ehz noch, ov mer die Ervschaff och antredde wöllte. Jajodat, nemme mer die an! Mer wähden uns esu jet doch nit lans de Nas gonn loße.

Tünnes: Ja weisste, Drück, dat wor secher ne Ervschleicher, dä dat geschrevven hät. Dat hann ich ens en 'nem Roman gelese.

Drück: Mer wähden in be-erbschleichere! Wenn ich blos wöss, wievill et wör.

Tünnes: Ich gläuv, dat et ne öntliche Püngel ess, mich hät es disse Morgen esu gejöck.

Drück: Och för ding Jöckerei gevven ich nit vill. Dat weed wohl en Fluh gewäse sin. Ävver wat ich sage woll, mer soll ganit sage, dat dä Ohm Pitter esu vill ze vermaache hatt, wo dä doch immer su ärmsillig geläv hät.

Tünnes: Och sag dat nit, Drück, grad die su ganz ärm jet vermaache, die hann am mihzte. Die hann de ganze Koppkesse voll Tausend-

Mark-Sching. Dat hann ich ens vun einem gelese.

Drück: Wat, et ganze Koppkesse voll? Wievill Tausend-Mark-Sching müggen dann do drenn gonn?

Tünnes: Och, dat kann ich der ens schnell usrechne. Alsu wenn do die 1000-Mark-Sching esu ganz fass nevvenenander lähs, nee...

Drück: Ija.

Tünnes: ...un üvverenander eng zesammepaaschs ...

Drück: Ija.

Tünnes: ... un wenn do dich dann noch drop setz ...

Drück: Ija.

Tünnes: ... un dann die Ecke got usfölls ...

Drück: Ija.

Tünnes: ... wenn de dat all deis, nee ...

Drück: Ija.

Tünnes: ... dann kress do en dat Koppkesse allerhand erenn.

Drück: Och, wat de nit sähs. Hoffentlich hät die Rechnerei dingem Geheenskaste nix geschaad.

Tünnes: Och Drück, wenn mer su dodrüvver nohdenk, dat dä Ohm en dä fremde Stadt esu ganz allein dut gestorven ess, dat ess doch schlemm, nee.

Drück: Ess hä selvs schold. Meer hätten in he op jede Fall vill schöner unger de Ähd gebraht.

Tünnes: Ija, besonders wann mer bedenk, wie do dä Ohm esu met Kopp un Krage am Dingen erusgeschmessen häs.

Drück: Och, wat en Verlögerei, ich hätt dä gode Ohm Pitter erusgeschmesse? Wie hann ich mich öm in bemöht...

Tünnes: Ija, bes dat hä et leid wor un avgehauen ess.

Drück: Tünnes, mach mich nit falsch, ming Nerve sin zom zerrieße gespannt.

Tünnes: Och, wann se rieße, dann binge mer se widder zesamme. Ävver wie do dä Ohm domols…

Drück: Noch ein Woot, noch ein Woot un ich springen dir en et Geseech.

Tünnes: Ich halde jo ald de Muhl.

Drück: Wollt ich der och geroden hann. Doch ein Deil wolle mer däm Ohm doch noch gevve, hä kritt vun uns en Denkmol esu huh wie e boore Hüsge, et kann koste wat et well.

Tünnes: Dat soll hä hann, dat hät hä verdeent. Un ganz en Marmor, met nem golde Rahme dröm.

Drück: Soll dat heiße: esu groß? Dat wehd däm jo vill ze schwer, do kütt dä jo am jüngsten Dag ganit erus.

Tünnes: Ich meine, mer nemme leever e schön Krütz.

Drück: Do häs de räch drenn, Tünnes. Mer hann jo ungen em Keller noch dat Holz vun der ahle Dür; do kanns de e schön Krütz vun maache.

Tünnes: Dat soll hä hann. Dat hät hä verdeent, – – – un et koss och nix.

Drück: Un do schrieve mer dann ne schöne Sproch drop.

Tünnes: Ävver jet Extras. Ich gläuv, ich hann ald eine. Pass ens op:
„Früh gings du von der Erden,
jetz läss man dich gewärden."

Drück: Dat ess jo no Blödsenn. Met 80 Johr sterve, dat ess doch nit fröh. Do hann ich ävver jet vill apaateres:

„Du gings von der Erd mit ihren Mängelen,
nun schwebs du im Himmel zwischen den
Engelen.“

Tünnes: Nä, Drück, ich mein, dat wör nix. Wenn ich mer dat esu vörstelle: Dä Ohm en singem ahle Baselümche su zweschen dä Engele am op- un avflaastere, nä, dat wör zo juxig. Ävver pass ens op, jetz hann ich jet:
„Du Ohm ruhs jetz vom Tod geküss,
mir freuen uns an deine Füss.“

Drück: Dat süht dir widder ähnlich.

Tünnes: Woröm dat dann? Ess dat dann nit schön?

Drück: Do Esel, wann mer dat och denk, dann bruch mer dat doch nit op et Grav ze schrieve. Loss mer jetz ens met der Deechterei ophöre un leever ens üvverläge, wat mer met däm Geld all dunn.

Tünnes: Ja Drück, ich gläuv die Grosche kriege mer nit all op. Die kann mer jo ganit allein versuffe.

Drück: Wat, die kriege mer nit op? Loss mich nor dat Geld ens hann, dann solls de ens sinn, wie ich domet et Bies avgevve. Üvverhaup met dinger Sufferei, dat jit et nit mih, domet ess et dann aus. Dann sollste ens sinn, wie ich uns op ne ganz andere Lebensständer bränge.

Tünnes: Wat deiste?

Drück: Ich well us däm Millejeu eraus, ich well op en hühteres Niveau. Do solls ens sinn, wie schnell mir bei der Hautefolaute sin.

Tünnes: Wat bei de Hauteflaute?

Drück: Op de Marienburg wehd getrocke. Mindestens 15 Zemmere well ich hann met Bädere un allerhand Lokusse. Un op de

Bödems kummen alles nur Filouteppiche ze liege.

Tünnes: Ja, wat wells do dann met all dä Bädere un Lokusse dunn?

Drück: Met dunn, met dunn, do bruch mer nix met ze dunn. Fein Leut müsse dat habe. Un die Möbele, die ich kriege, die will ich all im Rokokokostil habe.

Tünnes: Un ich hann met nem Besemstill genog. Do schlonn ich dich met dingem Rokokokostill am Dingen eraus.

Drück: Wat weiss du schon von nem hühtere Lebe! Un Kleiderschränk mit de schönste Kostüme kriege ich. Da hat mer wenigstens wat für anzeziehe.

Tünnes: Sag, do bes wohl bis jetz nor mem Feigeblatt erömgelaufe.

Drück: Un du solls emal sehe, wat ich dann aus dir für ne feine Kähl mache, mit 'ner weiße Wess un mit Schlips un Krage.

Tünnes: Wat? Ich, un dann ne Schlips un Krage?

Drück: Jajo, udder meins du, do könns dich eso beim 5-Glocke-Tee hinsetze?

Tünnes: Un ich setze mich nit op ding fünf Teeklocke.

Drück: Dat wähden se deer schon beibrenge. Do wehd dinge Deener för sorge.

Tünnes: Wat? Ich ne Deener?

Drück: Jajo kriegs du ne Deener. Udder meins du villeich, du könns dich in ner bessere Gesellschaff bewege. Dat muss de ers noch all beigebrach kriege.

Tünnes: Sag, do meins wohl, do häts en meer en dressierte Aap vör deer.

Drück: Du muss auch ers emal lerne, wie richtig mim Metz gegesse wird.

Tünnes: Ich, ich esse wie ich well. Ich esse met der Gaffel, ich esse mem Löffel un wenn et mer pass, dann essen ich met der Schöpp, versteihs do mich.

Drück: Oh, du wirs noch vill avlege müsse.

Tünnes: Ich avläge? Ija, dat dunn ich! Ich läge deer jet op de Trapp.

Drück: Un dann schaffe mer uns e 20-Cilindere-Auto an, wo mer mit en der Gegend erumfahre.

Tünnes: Do kress do mich ävver nit eren. Udder meins do villeich ich wöll, dat op eimol ne Baum op uns anköm.

Drück: Du Feigling! Nit e besge Courag, för der feine Mann ze spille. Üvverhaup, gewöhn dich emal lantsam dran, dat du emal wat fein sprichs. Nit immer eso gewöhnlich. Dat fein spreche kanns de am beste, wenn de e bisge durch de Nas sprichs.

Tünnes: Jetz ben ich et ävver satt. Do verdötsch Zuppenhohn. Ich sprechen esu, wie mer der Schnabel gewahßen ess. Do kanns mingetwäge durch de Nas, mingetwäge durch der decke Zieh spreche. Ich dunn, wat ich well, un wenn do opgeblose Knallaap jetz nit tireck met …

Drück: Ja, wat dann, wat dann?

Tünnes: Wenn do jetz nit tireck met däm Thiater ophöhs, dann zeigen ich dir ens, wo de Blomepött stonn.

Drück: Och enein, sieh emal an! Du wells wohl hier der Här vom Haus erauskehre.

Tünnes: Do däts besser e besge ding dreckelige Schnüss halde.

Drück: Wat Schnüss? … (schlägt) … Dä häste en Schnüss.

Tünnes: Jetz ess et ävver Zappen düster! … (schlägt mehrmals) … Dä häste en Villa, … un dat sin 15 Zemmer, … un dat sin 20 Cilindere.

Drück: Do gewöhnliche Plutokrat, du misratenes Zupjeck … (es schellt) … Do, do ess et.

Tünnes: Wat ess do?

Drück: Dä Mann, dä Mann met der Ervschaff. Mir waggele de Kneen. Wat ben ich opgeräg.

Tünnes: Sag, do häs wohl ne Iesblock eravgeschleck, dat do esu zidders?

Drück: Nu steh doch nit da wie eso'n verdrüchte Bunnestang un sieh emal nach..

Tünnes: Dä Kähl schmießen ich met singer Villa de Trapp erav.

Drück: Hoch du! Du klapperig Gestell, nit e bisge Mumm im Balg für sein Glück ze packe. Da bin ich schwache Frau noch Manns genug für … (es schellt nochmals) Ja, ich kumme ja schon. (ab)

Tünnes: Wenn dä Ohm Pitter met singem Testament blos der Hals gebrochen hätt. Stellt üch dat nor ens vör: ich met Schlips un Krage un och noch en wieße Wess.

Drück: (kommt) Et is da! Et is wirklich da! Oh, mein Ahnung! Da is et, et Testament im Einschreibebrief von Neuquiddelebach. Wie mir et Hätz klopp. Wat stehs de dann da wie ne Holzklotz? Begreifs de dann nit, wat dat für ne Moment is? Dat mir am Wendepunk von unsem Lebe stehe?

Tünnes: Ich sinn nix vun nem Lavendelpunk.

Drück: Wievill 1000 Mark mögen drin stehe? Ich bin et ze bang, för aufzemache. Mir flimmere de Auge.

Tünnes: Dat hann ich ald lang gemerk, dat dir dat Testament op et Geheens geschlagen ess.

Drück: Du möde Zömmelömm, nu sieh doch emal nach, wat drinn steht.

Tünnes: Doför ess mer got genoch. No, ich well ald nit esu sin. (bricht den Brief auf) Dat kann widder kein Sau lese.

Drück: Wenn du et nit als Sau lese kanns, dann les et als Minsch.

Tünnes: An – Herrn Anton Klötsch. Dat ben ich: der Herr Anton Klötsch.

Drück: Nu schwadt nit esu vill un les vöran.

Tünnes: – – – und Frau Klötsch, geborene Krünkel. Dat bess do: einfach Frau Klötsch.

Drück: Dä Kähl brängk mich noch öm.

Tünnes: (liest) Der hier verstorbene „Op-dem-dach-lose…"

Drück: Dat heiß: Obdachlose.

Tünnes: Peter Krünkel, dat ess der Ohm, nee?

Drück: Jo, jo, ich weiß et. Wigger!

Tünnes: Hat folgende Sachen hiergelassen …

Drück: Hinterlassen. Wievill ess et?

Tünnes: … eine Unterhose, ein Paar zweierlei Schuhe, eine Hose, wahrscheinlich blau,ein luftiger Rock mit 35 Löchern.

Drück: Dat intressiert uns nit. Wie ess et met dä Grosche?

Tünnes: Dat kütt jetz.

Drück: Dä mäht mich noch rosend.

Tünnes: Nachdem sie als alleiniger Erbe in Frage kommen, wollen sie die Sachen abholen…

Drück: Künnen se all behalde, ävver dat Geld?

Tünnes: …und gleichzeitig für Miete und Begräbniskosten einen Betrag von 155 Mark bezahlen.

Drück: Un wat kriege mir?

Tünnes: Nix mih, ävver 155 Mark berappe.

Drück: Do häs dich secher verlese. Süch noch ens noh.

Tünnes: Do steit söns nix mih, nor 155 Mark bezahle.

Drück: Ja, un die 1000e Mark em Koppkesse?

Tünnes: Dä Ohm hät secher kei Koppkesse gehatt.

Drück: Mir ess der Odem fott. Ich hann kein Wööt mih.

Tünnes: Wenn dat blos wohr wör, dat wör zo schön.

Drück: Dä Bedröger, dä dreckelige Kähl…

Tünnes: Do meins: leeve Kähl.

Drück: Die Nühmaatskraht, uns esu jet enzebrocke.

Tünnes: Dat muss de nit sage, Drüggela. Dä Ohm hät sich deer nit opgedrängk, blos do wors ens widder ze schrabbig.

Drück: Wo kriege mer no die Penninge her?

Tünnes: Meer hann nix un vun meer krett och keiner jet. Do kanns jo die Villa un dat Auto verkloppe.

Drück: Ich gläuv, ich platze noch.

Tünnes: Dunn dat nit, Drück. Denk dran, de Besemme sin rar.

Drück: Nä, nä, ess dat en Ervschaff! Loss mer noch ens einer kumme, för jet ze vermaache, de Ovvenspief kritt hä en et Kreuz.

Tünnes: Nor nit esu weld un opgeräch Paradiesengelche, un merk der ens he dat Gedeech vun meer:
„Wer sich ze huh stellt op et Stöhlche,
Dä sitz em Nu deef en nem Pöhlche!“

Die drei Wünsche

E löstig Spillche vum Jean Jenniches

Personen: Billa, Plünn un Stina, drei Marktfrauen
Kröll, alter Markthelfer
Bild: Wohnzimmer (beim Kaffeetrinken)

Billa: Ha, dat deit einem noch ens öntlich got, esu Tässge vum beste Bunnekaffee. Wat dat e schön Geföhl eß, wann mer dat esu langsam et Hälsge eravplätschere lieht.

Plünn: Dat sähs do wal got, Bell. Hu ... (schüttelt sich) ... wann mer su der ganzen Dag op däm windige Maat gesessen hät, dat mer meint, mer hätt anstatt Bein, engefrore Ovvenspiefe am Liev.

Stina: Un dobei dä Kotzverzäll, dä mer all anhöre muß. (geziert) „Haben se kein Kühl da, die wat schön gewellet sin? – – sin die Äppele auch nit binne fukakisch?"

Billa: Stellt üch ens vör. Do kütt doch gester su en Hungsmadämche, su e richtig verdrüch Stochieser, un säht: „Hören se emal, ich hab in ihre letzte Endivien doch en ausgewachsene Schneck gefunden." Ich sage: Dann hat ehr ävver Glöck gehatt, dann hat ehr jo dis Woch eine fettlosen Dag winniger.

Plünn: Ja, Ja! ... Gangk mer fott met de Minsche! Et eß got, dat meer uns winnigstens verdrage.

Stina: Dat eß wohr. Ävver Plünn, schött mer doch noch ens en; ich kann mer nit helfe: Meer schmeck et!

Plünn: Ich han ävver och eine opgeschott, dä kanns do bal käue. Dat dä üvverhaup an der Schnuut erusläuf. Su e got Täßge Kaffee eß ävver och ming Ein un Alles, do föhlen ich mich tireck wunschlos.

Billa: Ne gode Kaffee en Ihre, ävver dobei ganz wunschlos föhle, nä, … dat künnt ich nit.

Stina: Sag Bell, do sähs dat esu, als wann do de Wünsch knubbelewies op Lager hätts?

Billa: Leev Sting, … Wünsch han ich immer, … un wat för ein.

Plünn: Wann no jitz he ne Zauberer erenn köm un dät sage: „Ich well jedem vun üch ne Wunsch erfölle!" … Bell, wat däts do deer dann wünsche?

Billa: (aufgeregt) Wat, … well he ne Zauberer kumme? Häß do dä bestallt?

Plünn: Quatsch bestallt! Ävver angenomme, et köm einer, wat däts do deer dann wünsche?

Billa: Meins do, esu en Zauberer göv et noch?

Plünn: Zom Zapperlot! No wünsch deer doch ens jet. Ehz häss do de ganze Schnüss voll Wünsch un dann brängs do noch nit eine durch de Zäng.

Stina: (schmachtend) Och wünsche … nor einmol wünsche künne!

Plünn: No beß do mer ald stell. Wat do deer wünschs, dat weiß ich ald lang. – – – Do wells endlich ens ene Kähl han.

Stina: (eingeschnappt) Hätts do jet dogäge? Natörlich, för esu versoffe Edelweiß wie dinge Drickes dät ich mich bedanke.

Plünn: Dat gehööt nit he hin. Un jitz wünsch et Bell! … No, … wie eß et?

Billa: (zögernd) Wünsche … ich wünsche … (aufatmend) jo, ich wünsche … ich wör rich … ich wör de richste Frau op der Welt ….

Stina: Waat? Do de richste Frau op der Welt?

Billa: (verzückt) Ija, ich de richste Frau op der Welt. – Eimol su ens richtig en de Geldstöckelcher matsche künne.

Plünn: Dat mög ich ens gän sinn, do met dinger Benimmität.

Billa: (hochmütig) Ooch! Ehr kennt ming Ennerstes noch nit.

Stina: Interesseet uns och nit, wat do dobenne häß. Dat kanns do räuhig för dich behalde.

Billa: Ooch! … Loß mich nor emal Grosche han. Dann sollt ihr mal sehe, wie ich mein Niveau hinter mich lasse.

Plünn: Ich mein, mer künnt et jetz ald rüche.

Billa: Un wie ich mich dann in enem hühtere Geisteskreis bewege wäde.

Plünn: Jo, ich gläuve, zwesche hühtere Geiße mähs do dich ganz got.

Billa: Ha! … reich, reich sein … zuerß würd ich mir emal et ganze Domhotel meede. Wat muß dat e Geföhl sein, jeden Dag in nem andere Zimmer penne zu künne. Un für mein Toilette dät ich mir der ganze C & A kaufe. Ich wollt immer de letzte Schreie vun der Mode am Liev haben.

Stina: Ich gläuv, Bell, dat wööd bei deer ald himmelschreiend ussinn.

Billa: Un dann et Esse! Meint ihr vielleich, dann dät ich noch esu einfach zu Mittag esse, mit eso gewöhnlige Koteletten oder Bratwöösch? O enein! Da wird jeden Dag ne andere Diner eingenommen, bei mir kommen de Kaviare dann in große Pozzelingkumpen auf der Disch. Un hier eso ne Muckefuck brauch ich dann endlich nit mehr ze drinke.

Plünn: (aufgebracht) Wat eß! … Muckefuck? … op eimol Muckefuck? … nor weil do Grosche häß?

Billa: Aber et Schönste wär, wann se dann all eso kötten kommen täten. Ha, … wat meint ihr wohl, wie dat is, wann ich dann eso da sitze un däue so nem nackige Baron udder so nem Tirekter wat in et Hängche un sagen dabei: „Nehmen se et eckesch, meer habe noch ze baschten."

Stina: Sag Bell, meins do villeich, meer kömen och bei deer kötte?

Billa: Woröm dann nit? Wann ich euch mit so nem Hundertmarkscheinche winke-winke mache, dann maht ihr schon auf fuffzig Meter dä Rüggen krumm.

Plünn: (wütend) Häß do dat gehoht? … ich han kein Wööt mih … Do opgeblose Schruut … meer solle noh dinge Hundertmarkschingcher schnappe? … Do ondoleete Kappeskopp. – Do kanns do deer ding fimschige Hiring dren enweckele … do häß wal zovill Vitamine geschnuuf. – – – Ävver jetz well ich deer ens jet sage … jitz wünschen ich, deer zom Frack: Ich wünsche … ich wör Kaiserin … !

Stina: (erschüttert) Wat? … do en Kaiserin? …

Plünn: (reckt sich auf und schlägt an die Brust) Ich … en Kaiserin … un dann dät ich: – – –

Zoeesch ens däm Bell en hundertfuffzig Stüürbiamte op der Hals schecke, die möhten it esu zwiebele, bes dat et nit mih jappe künnt.

Billa: (entrüstet) Do gemeingefährlich Minsch! …

Plünn: Do kanns fruh sin, dat ich noch nit Kaiserin ben, söns söhs do noch hück wäge Majestätsbeleidigung em Klingelpötz un däts Blose klevve!

Billa: Wann do Kaiserin wörs, blevv ich keine Momang mih he …

Plünn: Och, do künns räuhig gon, … ävver ding Grosche blevven he.

Stina: Sag Plünn, wann do esu Kaiserin beß, dann muß do ävver oppasse, dat dinge Prinzgemahl sich sing Krun jet deef en der Kopp däut, dat mer nit die versoffe Nas süht …

Plünn: Möchs do nit ens ding gefährlige Schnüss halde? Wo en Kaiserin sich ophält sprich mer nor, wann mer gefrog weed. (in Gedanken) Hoch, … wann ich ens Kaiserin ben, dat fängk ald Morgensfröh an – – –

Billa: Ija, dann deis do dich zoeesch ens öntlich kratze – – –

Plünn: Un wann ich die majestätische Auge opschlage, dann steiht der ganze staatse Hof um mich erum, … ich meine dä Hofstaat. Dabei stupp meine kaiserliche Marstall mim Zirimoniestab auf et Gebünn un sag: „Majestät geruhen wach zu wäde."

Stina: Ija Plünn, dat eß jet anderes, als wann dingen Drickes zo deer säht: „Do ahl Zang, wells do nit bal opston?"

Plünn: (verzückt) Oh, … un dann kommen de Frisöse un de Maniköse un de Choiföse un die bringen mich in ne verfassungswidrige – ich meine: verfassungswürdige Zustand…

Billa: Un die brassele dann an der Kappesöse erum.

Plünn: In de Hand kriegen ich ne Appel un e Zepter un dann wird drauf los regiert.

Stina: Hoffentlich verdeis do dich nit un sähs: „Schön Schavue gefällig? Prima rude Kappes!"

Plünn: Danach kummen die Au – – dienze.

Billa: Au – – die Penz kanns do doch mem Zepter kammisöle.

Plünn: Nachher besteige ich mein goldene Equipage mit sechs schimmelige Päder, hinten drauf sitzen de Lak – – eier un dann wird geblase, dat jeder weiß, dat ich komme.

Billa: Jo, ohne Bloserei geit et bei deer nit.

Plünn: Un an de Soode stehen de Leut knubbeledick, nur dat se mich emal sehe könne un singen: „Heil dir im Siegerkranz…"

Stina: För dich zo sinn? Dich beklätsch Tapetemuster?

Plünn: Ha, – – wann ich als Kaiserin kumme: Auf de hühkste Appelzinekiste steht ihr un werft mir Blume in der Wage …

Billa: Do huhfäädige Aap! Werfe dun meer, ävver met fuul Eier un Tomate: „Bringst mir nen Gruß aus meinem Heimatland."

Plünn: Ooch, dat könnt ihr euch blos emal reskieren, von meine Zaldaten laß ich euch umzingele un aus dem Land eraus schmeiße.

Stina: Sag, do geplöck Zuppenhohn! Ding kröbelige Zaldate gägen he uns Maatfraue? Dat kann ich deer sage, dann häß do et längs en Armee gehatt … Üvverhaup Plünn, ich well deer ens jet sage: Ich wöödt dinge Lück ens jet flüstere, wat do för e Minsch beß … weißte wat et dann gitt?… Revolutiönche… Solls ens sinn, wat do dann vun dingem Trönche der Kukelebaum schleihs. Dann kanns do met Schohnscreeme lans de Dörre gon …

Plünn: Ihr a- und b-soziales Gesocks, ihr seid mir ja vill zu gewöhnlich. (Beleidigt abseits.)

Stina: Dat well ich deer sage: Wann ich morge gewahr wäde, dat dat en Beleidigung eß, dann setzen ich deer de Pürk grad.

Billa: (schlichtend) Saht, sin meer eigentlich verdötsch? Loß meer doch met däm blöde Verzäll ophöre.

Stina: (entrüstet) Dat dät üch esu passe. Ehr hatt jo öhr Wünsch anbränge künne, wo blieven ich dann?

Billa: Ja, häß do dann noch nit de Nas voll?

Stina: Op jeden Fall well ich och wünsche.

Billa: No jo. Alsu wünsch deer jet. Wat eß et dann?

Stina: (hochmütig) Ich wünsche: Ich wör Filemstar Nummere Eins.

Billa: Wat eß? … Söns nix?

Plünn: (dreht sich plötzlich um) … met däm verschrumpelte Schavuekopp?

Stina: Wat meint ehr wal, wat se sich en Hollawut öm mich zerschlage. Dann sprich mer nor noch von der Ina Rötil.

Billa: Ich denke, do heisch noch immer Stina Röbstill …

Stina: Ja jetz. Aber dann is meine Name so künslerisch zusamme gefiddelt, dat hä auf mein Figur pass. Ich mit meinem königliche Gang. (Geht stolz über die Bühne.)

Plünn: (höhnisch) Genau wie en Waggelent.

Stina: (spricht geschraubt, etwas durch die Nase) Un wat meinen se, wat mir de Millionäre nachlaufen för mich zu hieroden. Aber ich wäden … Noin … sagen un nur mit meine seidenweiche Wimpere flappen.

Billa: Do, un dann (ahmt nach) Noin … sage? Dä eeschte Kähl, dä do kriege kanns, häls do faß.

Stina: Un wann ich dann so auf der Filemwand erumflimmere, da fangen alle Leut an zu krieschen.

Plünn: Wann mer dich ald beloort, fängk mer ald vun sälvs an zo kriesche.

Stina: Un wo ich mich zeige, muß ich Monogramme schreibe.

Billa: Do, un schrieve? Met dinger Ferkesklau? Do kanns do och e Hohn met dreckige Bein üvver et Papeer laufe loße.

Stina: Dat ich als Filemkanon mit euch kein Bekanntschaff mehr habe kann, damit müt ihr euch abfinde. Ich will euch aber so ab un zu paar Freikarte für mein spitze Filme überdäuen.

Plünn: Su han ich et meer gedaach, dat do uns nit mih kenne däts. Un Freikaate för dich zo sinn? Do kann ich grad su got en der Zoo gon un beloore meer do de Aape.

Stina: (läuft hin und her) Oh, wann ich so am spiele bin, dann wäd ihr von dä Größe meines Geniusses durchenein geschüttelt, un bis in der tiefste Nerv getroffe.

Billa: Pack en, de War weed naaß …

Stina: (begeistert) Wann dann die heilige Flamme der Kuns …

Billa: Noch ein Woot un ich alameere de Feuerwehr …

Stina: (hochmütig) Doch mit wem sprech ich hier? … Ihr habt ja kein Ahnung, wat für ne explosive Geist in mir is … Ihr Plebegere, ihr! …

Plünn: Sag Sting, do muß nit maache, dat meer met deer dat Drama op der Kirchhoffsmuur spille – – – dä letzte Ak eß em Spidol …

Stina: Wat, ihr wollt mich kammisölen (springt auf einen Stuhl). Nur eran ihr … ihr … feige Bagasch … hier steht de junge Frau von Orleans … mein ist der Sieg (hebt die Arme hoch) … ich hab ihn schon in der Täsch.

Billa: (besorgt) Dat Minsch eß verdötsch … knatschverdötsch … (es klopft) Herein!

Kröll: (tritt ein) Dag zosamme!

Billa: Dag Kröll! Wat brängs do dann Gots?

Kröll: Ja ich kumme grad vörbei, ich wollt ens froge, ov morge fröh jet zo besorgen eß?

Billa: Ija, ehr künnt meer e Mängche Spinat nohm Spidol bränge.

Plünn: Un ich hätt beim Kappesboor Böll ne Sack Essäppel avzoholle.

Kröll: Eß got, weed jemaht. (Stina steht noch auf dem Stuhl, Kröll interessiert) Saht, sitt ehr Fleege am fange?

Billa: Ija! Et Stina kann ävver kein kriege. Wo die setze, kann et nit dran kumme.

Kröll: Se sin ävver dis Johr ärg rar. Mer bruch sich nor halv esu vill zo kratze wie söns.

Plünn: Stina, kumm erav vun dingem Trun, kanns nohher wigger maache. (Stina steigt ab und setzt sich beleidigt abseits)

Kröll: (zögernd) He rüch et su lecker noh Kaffee. Ich kann et üch nohföhle, dat et üch schmeck.

Billa: Wie eß et Kröll, hatt ehr nit och Amelung op e Köppche Kaffee?

Kröll: Ävver secher dat, un wann et och nor wör, för der Schnäuzer jet opzowärme.

Plünn: No, bei däm he kritt ehr sugar Sodbrenne en de Föß.

Billa: Setzt üch eröm! (schüttet ein) Verbrennt üch de Mul nit..

Kröll: Zappermei! Do weed dat ahle Hätz widder jung.

Billa: Saht ens, Kröll, – – wo ehr grad he sitt, – – ich muß üch ens jet froge!

Kröll: Su, wat eß et dann?

Billa: Angenomme: ehr künnt üch jitz irgend jet wünsche, wat dät ehr üch do wünsche?

Kröll: Wat soll ich meer schon wünsche? ... Ich wöß nit wat ...!

Billa: Wie? Mer muß doch ne Wunsch han,... irgend jet ...

Kröll: Nojo, wann et sin soll ... dann dät ich ald ligge, wann ich jeden Dag esu e got Tässge Kaffee drinke künnt..

Plünn: Wat? – – Do wünsch dä sich jeden Dag e Tässge Kaffee!

Kröll: Ja, ... wann et zovill verlangk eß, ... et eß jo nor ne Wunsch.

Billa: Do kriß de doch de Motte. Do hätt einer jet zo wünsche ... un do wünsch dä sich e Tässge Kaffee, ... einfach Kaffee!

Plünn: Hat ehr dann keine größere Wunsch wie dä?

Kröll: Enä!

Billa: Ja, do gitt et doch söns allerhand Sache, et große Los, en Reis öm de Welt, udder e Schloß, en Auto ...?

Kröll: Nä, … e Tässge Kaffee eß meer genog.

Plünn: No saht ens Kröll, woröm wünscht ehr üch dann nix anderes?

Kröll: Jo, dat well ich üch ens sage. Wann ich meer för jeden Dag e Köppche gode Kaffee wünsche, … dat künnt villeich klappe, … un eß et nit, … hät meer et flöck widder vergesse. Ävver wann ich meer et große Los wünsche, dann setze ich am Engk mi ganz Levve do un wade, … un wann et dann nit kütt, fressen ich mich bal sälvs vör luuter Unzefriddenheit.

Stina: (interessiert) Dat eß ganit su schläch gedaach.

Kröll: Un dann en Reis öm de Welt. Do künnt et passeere, dat ich en Botokuli bei de Welde wör un künnt nit mih heimkumme. Un saht ens sälvs … su en Auto, … wie flöck wör ich domet widder ne Baum gefahre. Oh, met esu en Wünsch muß mer sich en Aach nemme. – Mer hät sich flöck jet gewünsch, wat mer nohher nit mih vum Hals kriege kann.

Billa: (nachdenklich) Wat mer nohher nit mih vum Hals kriege kann, … Wann ich no rich wör un hätt nor Minsche öm mich eröm, die ming Grosche han welle? Un ich dörf nit ens eimol de Mul breit maache, weil dat nit vörnehm ussöh, … Nä, dat wör nix för mich!

Plünn: Un ich als Kaiserin … all dä Brassel un die Ziremonie, die kumme meer jo ald jitz am Hals erus. Un wann ich dann esu stell op däm Trun söß un ich dörf mich nit emol ens kratze, wann et mich jöcken dät, ich darf nit dran denke. Nä, do hätt ich bal jet jemaht!

Stina: Un ich als Filemstar ...? Kein Stund Rauh hätt ich mih, ... alle Minuts mööt ich meer de Fassad neu anstriche un dobei noch dat ville uswendig liehre, als wann mer grad en de Schull jingk. Un beim Fileme mööt ich oppasse, dat ich keine falsche Ton vun meer göv. Nä, dann leever wigger om Maat gesesse un op Kundschaff gewaht.

Billa: Dat sähs do wal got, Stina. Meer wolle wigger echte kölsche Maatwiever blieve.

Plünn: Ich ben och dohinger gekumme, wat dä Kröll evvens gemeint hät. Glöck eß nit, ov mer rich eß, ov mer en huh Stellung hät, ov vill Ruhm un Ihr – – – Glöck eß, wann mer met däm, wat mer hät zofridden eß!!!

Ende

Anhang

Jean Jenniches hat mehrere **Hörspiele** für den Kölner Rundfunksender geschrieben. Nach der uns zugänglichen Quelle waren dies:

1939 Küning Hännesge I. (auch unter dem Titel:
König Hänneschen I.)
für den damaligen Reichssender Köln,
und ab
1962 Der liebe Anton,
1962 Der Ritter Hubät (Whg. 1965),
1965 De nökste Verwandte,
1965 Kölsche Knallbonbons,
1966 Der dunkle Punk,
1968 Et Lorche vun der Tant,
1969 Dä Bungalow,
alle für die Rheinische Redaktion des
Westdeutschen Rundfunks Köln.

Mit mehreren **Puppenspielen** war Jean Jenniches auch in den Programmen des Kölner Hänneschen-Theaters vertreten:

1938 De Gräfin Wooschtemann (auch unter dem
Titel: De Frau Wooschtemann well huh erus),
1939 Tischlein deck dich (Whg. 1953),
1940 Der Duvekünning,
1940 De Zaldate vun Knollendorf,
1940 Kurort Knollendorf (Whg. 1949),
1942 Der Kumet (Whg. 1960),
1961 Golde Huhzick met Knubbele (Whg. 1968).
Die Datierungen der Aufführungen im Hänneschen sind nicht gesichert.

Quelle: Das Kölner Autoren Lexikon, 1. Band: 1750 bis 1900, bearbeitet von Enno Stahl u. a., Köln 2000.

Bei dem vorliegenden Buch handelt es sich nicht um eine Gesamtausgabe der Arbeiten von Jean Jenniches. Die Texte der Hörspiele und der Puppenspiele konnten hier nicht abgedruckt werden, weil dies den Rahmen gesprengt hätte.

Die Abbildung auf Seite 174 zeigt das Programmblatt zu dem Puppenspiel „D'r Duvekünning" von Jean Jenniches, herausgegeben von den Puppenspielen der Hansestadt Köln, vermutlich 1940. Vorgefunden im Nachlass des Autors.

Puppenspiele der Hansestadt Köln

Eisenmarkt 2 (am Heumarkt)

D'r Duvekünning

E Poppespill en 4 Opzög vun Jean Jenniches

Et spille met:

Nikelos Knoll	Wilhelm Waltzer
Marizenbell, sing Frau	Agnes Achnitz
Hännesge	Hans Berschel
Tünnes, Husknäch bei Knolls	Josef Lichtenberg
Röbekamp, Rentner	Georg Mack
Bärbelche, sing Dochter	Berta Wetzels
Trina, Deensmähd bei Röbekamp	B. Nitzgen - Portz
Speimanes, 1. Duvejeck	Hans Edmund Schmidt
Schäl, 2. Duvejeck	Wilhelm Seuser
Pitter, 3. Duvejeck	Fritz Beyer

Zappes, Weet, Weetsgäss.

Umbesetzungen infolge von Erkrankungen vorbehalten.

Spielleitung: Hans Berschel

Am Klavier: Georg Mack　　Dekorationen: Hermann Pützhofen

Vorstellungen täglich 15 und 20 Uhr. Sonntags ab 15 Uhr / **Montags geschlossen.**
Kassenstunden 14 bis 15 Uhr und 19 bis 20 Uhr.
Vorverkauf nur für die Abendvorstellung täglich, außer an Montagen, von 11 bis 12½ Uhr.

Wat mer wo finge kann

Büttenreden, Zwiegespräche, Einakter

Anhang